Die neue ArbeiterInnenklasse
Menschen in prekären Verhältnissen
Veronika Bohrn Mena

VERONIKA BOHRN MENA **ÖGB**VERLAG

Die neue
ArbeiterInnen-
klasse

MENSCHEN IN PREKÄREN VERHÄLTNISSEN

Die Inhalte in diesem Buch sind von der Herausgeberin und dem Verlag sorgfältig erwogen und geprüft, dennoch kann eine Garantie nicht übernommen werden. Eine Haftung der Herausgeberin bzw. des Verlages und seiner Beauftragten für Personen-, Sach- und Vermögensschäden ist ausgeschlossen.

Verlag des Österreichischen Gewerkschaftsbundes GmbH
Johann-Böhm-Platz 1, 1020 Wien
T 01/662 32 96-0 | F 01/662 32 96-39793
office@oegbverlag.at | www.oegbverlag.at

Kreation, Umschlaggestaltung und Satz: Natalia Nowakowska
Lektorat: Marga Achberger

Medieninhaber: Verlag des Österreichischen Gewerkschaftsbundes GmbH
© 2018 Verlag des Österreichischen Gewerkschaftsbundes GmbH
Hersteller: Verlag des Österreichischen Gewerkschaftsbundes GmbH
Verlags- und Herstellungsort: Wien
Printed in Austria

2. Auflage 2019
ISBN: 978-3-99046-406-9

Creative Commons Lizenz CC BY-SA 4.0

Buch + e-book

> Am **Schreibtisch** das gedruckte Buch in seiner gewohnten Form
> **Unterwegs** das e-book auf dem handlichen Tablet
> **Am PC oder Laptop** das PDF mit voller Funktionalität:
  - **Schnelle Navigation** im e-book über Bookmarks, Seitennavigation oder Suchfunktion
  - **Komfortables Lesen** durch Zoomen der Bildschirmansicht
  - **Effizientes Exzerpieren:** Markieren, Lesezeichen und Notizen anlegen, Textpassagen kopieren, ausdrucken u. v. m.

Ihre Vorteile bei einer Registrierung:

> Mit dem Kauf dieses Buches haben Sie gleichzeitig die **Berechtigung zum Download des dazugehörigen e-books** im PDF-Format erworben.
> Das PDF können Sie auf **all Ihren Geräten** benützen. Keine Einschränkungen durch hartes Digital Rights Management.
> Sie erhalten eine Nachricht, sobald eine **aktualisierte Neuauflage** erscheint.
> Der PDF-Download ist bis zum Erscheinen einer eventuellen Neuauflage möglich.

In drei Schritten gelangen Sie zu Ihrem e-book:

1. Gehen Sie auf die Webseite www.oegbverlag.at/registrierung
2. Füllen Sie das Webformular aus. Sie benötigen dazu den unten angebrachten 12-stelligen Registrierungscode.
3. Nach dem Absenden des Webformulars erhalten Sie umgehend eine E-Mail mit einem Download-Link für das e-book.

Bei Fragen wenden Sie sich an e-service@oegbverlag.at.

Registrierungscode
6406ru128xxd

Inhalt

	GELEITWORT	8
	PROLOG	12
	EINLEITUNG	16
1. Kapitel	Der Praktikant	34
2. Kapitel	Ausgeliehen und ausgebeutet	52
3. Kapitel	Teilzeit wider Willen	68
4. Kapitel	Knochenharte Packerei im Niedriglohnsektor	84
5. Kapitel	Aufgezwungene Freiheit	98
6. Kapitel	Leben mit Befristung, alles für die Wissenschaft	114
7. Kapitel	EPU oder Tagelöhner?	128
8. Kapitel	Von einem miesen Job zum nächsten	142
	EPILOG	156
	DANKSAGUNG	194
	GLOSSAR	196
	LITERATURNACHWEISE	200
	ZUR AUTORIN	206

Geleitwort

Als ich im Alter von 15 Jahren als Lehrling in die Arbeitswelt einstieg, war die Arbeitslosigkeit auf dem niedrigsten Stand in der Geschichte der Zweiten Republik. Anfang der 1970er-Jahre waren nur rund 31.000 Menschen arbeitslos gemeldet, das entsprach einer Arbeitslosenquote von lediglich knapp über einem Prozent – eine Zahl, die heute geradezu unvorstellbar scheint. Meine Generation, welche die Blüte von Bruno Kreiskys Arbeitsmarktpolitik über die Jahre miterleben konnte, die maßgeblich von großen GewerkschafterInnen mitgestaltet wurde, blickte hoffnungsfroh in die Zukunft. In diesen für Sozialpolitik und Wohlstandsentwicklung vieler Menschen so erfolgreichen Zeiten entsprach es unserem Selbstverständnis, uns gewerkschaftlich zu organisieren. Wissend, dass es stets die starke, gut organisierte Solidargemeinschaft brauchen wird, um diese Politik fortführen zu können.

Heute beginnen sich die Machtverhältnisse zu drehen. Wir müssen erkennen, wie unsere Republik Gefahr läuft, Stück für Stück umgebaut zu werden, und unser Sozialstaat, die Errungenschaften von Jahrzehnten und unser demokratisches System unter Druck geraten. Jetzt, wo die Rechte der Arbeitenden und die Sicherheit ihrer Angehörigen gegenüber den Profitinteressen einer kleinen Minderheit zunehmend einen geringeren Stellenwert bekommen, droht die daraus resultierende soziale Spaltung eine tiefe Kluft in unsere Gesellschaft zu reißen. Von der Regierung werden vorwiegend die vermeintlichen InnovatorInnen unserer Gesellschaft beschworen, die sogenannten „Hidden Champions" der Industrie, also jene fünf Prozent der Großunternehmen, die angeblich allen anderen vorangehen. Die hart erkämpften Rechte der Arbeitenden, die wichtigen Schutzvorschriften am Arbeitsplatz und unsere soziale Absicherung werden als unnötiges, rein bürokratisches „Gold-Plating" diskreditiert. Sie sind etwas, worauf man nach Meinung der Industrie gerne verzichten kann. Die wahren gesellschaftlichen FortschrittsträgerInnen, die Arbeitenden also, geraten dabei zunehmend unter Druck und ihre Interessenvertretungen sollen in die Defensive gedrängt werden.

Die Verlängerung unserer Arbeitszeit, die massiv in das Leben und die Selbstbestimmtheit der Beschäftigten eingreift, wird zur „Flexibilisierung" verklärt. Beschäftigte werden in aufwendigen Kampagnen gezielt manipuliert, ihre betriebliche Vertretung wird währenddessen klammheimlich demontiert. Hinter der Beschneidung der Rechte von Betriebsrätinnen und Betriebsräten sowie ihrer Handlungsmöglichkeiten steckt das politische Kalkül, den Einfluss der Gewerkschaften zu brechen. Es geht letztlich auch darum, die gute Tradition des sozialpartnerschaftlichen Ausgleichs beiseitezuschieben, um die absolute Dominanz der beiden Regierungsparteien in der Republik durchzusetzen. Ängste in der Bevölkerung werden dabei strategisch bedient und Bevölkerungsgruppen gegeneinander ausgespielt.

Ich möchte nicht in naher Zukunft in einem System ohne betriebliche Mitbestimmung, ohne Rechte und Würde der Arbeitenden und ihrer Angehörigen und ohne starken Sozialstaat aufwachen. Wir GewerkschafterInnen wollen einen anderen Weg gehen. Wir wollen alle Menschen beim Marsch in die Zukunft mitnehmen und dabei niemanden zurücklassen. Wir wollen eine solidargemeinschaftliche Seilschaft bilden, in der auch die schwächeren von uns mitkommen. Und damit sind wir nicht allein. Es sind die Vielen, die sich eine Gesellschaft wünschen, in der wirtschaftlich Stärkere die Schwächeren nicht totbeißen können. Es sind die Vielen, die sich eine chancengerechte Welt wünschen, in der nicht das Geschlecht oder die Herkunft über die Möglichkeiten des Lebenswegs entscheiden. Wir wollen und werden der Spaltung und der Hetze und den Angriffen auf Rechte und Selbstbestimmtheit etwas entgegensetzen – gemeinsam, als starkes Kollektiv.

Der Arbeitsmarkt unterliegt einem ständigen Wandel. Er hat sich auch in den letzten Jahrzehnten entscheidend verändert und erfährt im digitalen Zeitalter eine stetig steigende Dynamisierung. Was vor Jahren als Einzelfall galt, droht mittlerweile zum Massenphänomen zu werden. Wo früher Ausnahmen die Regel bestätigten, sind diese inzwischen zur Richtschnur geworden. Wir sind glücklicherweise noch lange nicht dort angelangt, wo sich andere europäische Länder durch diese Politik bereits hin entwickelt haben – auch dank der Gewerkschaftsbewegung und der gelebten Sozialpartnerschaft. Doch die Gefahr eines breiten Niedriglohnsektors mit ungesicherter Arbeit auf Abruf und Ein-Euro-Jobs rückt näher. Denn die Regierung erklärt Lohn- und Sozialdumping zum Kavaliersdelikt, droht uns mit Hartz IV und raubt den Jungen durch Einsparungen in der Überbetrieblichen Lehrausbildung die Zukunft. Umso wichtiger ist es daher, gerade jetzt wieder ein neues Verständnis vom Begriff der Arbeit und der Rolle der Arbeitenden mitzugestalten. Wir dürfen die Deutungshoheit darüber, wie, von wem und unter welchen Rahmenbedingungen künftig gesellschaftlicher Fortschritt gestaltet und Wohlstand verteilt wird, nicht jenen überlassen, die diesen Fortschritt auf dem

Rücken der Menschen zu ihrer persönlichen Bereicherung vorantreiben wollen.

Dieses Buch leistet hierzu einen wertvollen Beitrag. Es stärkt das Bewusstsein über die bestehenden Realitäten unserer Arbeitswelt, die von manchen derzeit nur zu gerne verdrängt oder bewusst verleugnet werden. Es dokumentiert minutiös die schmerzhaften Auswirkungen von Fehlentwicklungen am Arbeitsmarkt auf das Leben der Arbeitenden und ihrer Angehörigen. Denn jede Entrechtung von Beschäftigten führt direkt oder indirekt zu Unsicherheit und Leid. Nicht zuletzt liefert dieses Buch eine bedeutsame Perspektive, nämlich die der Betroffenen von prekärer Beschäftigung, zu einer Debatte, die von uns als Gewerkschaftsbewegung und gesamtgesellschaftlich geführt werden muss.

In dieser Debatte geht es um nicht weniger als den Wert der Menschen und ihrer Arbeit. Um die Welt und ihre Zukunft, an der wir entweder gemeinsam bauen oder in der Arbeitende nur noch eine beliebig einsetzbare und „flexibel" nutzbare Ressource für Unternehmen darstellen. In der wir uns entweder weiter spalten und aufhetzen lassen und dabei alles verlieren, oder in der wir uns als starke und geeinte Gemeinschaft verstehen, gleich welchen Alters, welchen Geschlechts und welcher Herkunft, die sich solidarisch für ein gutes Leben für alle zusammenschließt.

In diesem Sinne wünsche ich uns allen, dass wir uns von dem vorliegenden Werk von Veronika Bohrn Mena und den Erzählungen der Betroffenen inspirieren lassen, diesen wichtigen Anstoß aufgreifen und gemeinsam aktiv werden.

Wolfgang Katzian
Präsident des Österreichischen
Gewerkschaftsbundes

Prolog

WORUM ES GEHT

In den vergangenen Jahren sind vor dem Hintergrund meines Engagements für die *Plattform Generation Praktikum* und meiner Arbeit als Gewerkschafterin unzählige Menschen in prekären Arbeitsverhältnissen mit mir in Kontakt getreten. Erst waren es vorwiegend BerufseinsteigerInnen, junge Beschäftigte, PraktikantInnen und Studierende, die mit den unterschiedlichsten Dienstverträgen arbeiteten. Es war so ziemlich jede vertragliche Konstruktion dabei, von geringfügiger, fallweiser und befristeter Beschäftigung über Arbeit als Freie DienstnehmerInnen bis hin zu Tätigkeiten auf Honorarbasis oder in einem Leiharbeitsverhältnis im öffentlichen Dienst. Mit der Zeit haben sich dann auch ältere Beschäftigte aus allen Branchen, ja selbst PensionistInnen bei mir gemeldet, die unter teilweise wirklich widrigsten Bedingungen in den miesesten Jobs festhingen. Nach und nach wurde mir so die breite Dimension der prekären Arbeit in Österreich vor Augen geführt.

Die meisten haben sich bei mir gemeldet, um Rat und Hilfestellung einzuholen. Andere, gar nicht so wenige, wollten mir einfach von ihrer Notlage erzählen, schlicht damit sie gehört werden. Einige von ihnen waren wütend, noch mehr waren verzweifelt, viele fühlten sich allein und im Stich gelassen. Das Gefühl, nicht gesehen und nicht wahrgenommen zu werden, das viele von ihnen umtrieb, verstärkte die schiere Ohnmacht, die sie ob ihrer unsicheren Arbeitssituation und Lebenslage verspürten. Gerade für prekär Beschäftigte ist es besonders schwer, sich Luft über Missstände und Unterbezahlung zu machen, weil es zumeist auch eines ihrer zentralen Probleme ist, dass sie in einem außerordentlich starken Abhängigkeitsverhältnis zu ihren ArbeitgeberInnen stehen.

Denn trotz der mangelnden Sicherheit, fehlenden Perspektive und meist schlechten Entlohnung sind diese Arbeitsverhältnisse die Existenzgrundlage der Menschen, die sich ohnehin mehr schlecht als recht über Wasser halten können. Wer vermeintlich nur die Wahl zwischen einem miesen oder gar keinem Job hat, entscheidet sich aus Angst für Ersteres. So bleiben diese mitunter unerträglichen Missstände und die Arbeitenden, die unter ihnen leiden müssen, viel zu oft komplett im Dunkeln. Und so kommt es, dass kaum jemand, der nicht selbst davon betroffen ist, eine Vorstellung von der Lebensrealität dieser Menschen und den weitreichenden Konsequenzen hat, mit denen ihr Leben so stark belastet ist. Manche glauben sogar, dass es diese Form des Arbeitselends und der Ausbeutung in Österreich gar nicht mehr gibt.

Prekäre Arbeit wird in Büchern bislang vorwiegend auf theoretischer Ebene abgehandelt, wo primär die rechtlichen Rahmenbedingungen erörtert und seltener auch mögliche Maßnahmen diskutiert werden. Die Betroffenen selbst kommen kaum zu Wort. Ob der Unnahbarkeit der Argumente kann der Diskurs darüber jedoch nur schwer eine emanzipatorische Kraft entfalten. Dabei leben die Betroffenen mitten unter uns und werden kontinuierlich mehr.

Ich will das mit diesem Buch ändern. Ich will mich der Problematik auch aus ihrer Perspektive widmen und insbesondere ihre Sicht der Arbeitswelt zeigen. Das Herzstück dieses Buches sind demnach auch die acht Erlebnisberichte, die ihre Arbeits- und Lebensrealitäten sichtbar machen sollen. Die darin vorkommenden Personen, ihre Arbeitssituationen und Lebenslagen verkörpern keine Einzelschicksale, keine Extremfälle und keine Ausnahmen. Sie stehen jeweils für eine relevante Gruppe von Beschäftigten, die einem besonders hohen Risiko unterliegt, unter prekären Rahmenbedingungen arbeiten, leiden und leben zu müssen.

> Echte Menschen erzählen von ihren authentischen Erfahrungen als Pseudo-PraktikantInnen, LeiharbeiterInnen, unfreiwillige Teilzeitbeschäftigte, von ihren Realitäten in Niedriglohn-Jobs, freien Dienstverhältnissen und der Scheinselbstständigkeit, von ihrer Arbeit in befristeten Verhältnissen und Kettenverträgen, als Neue Selbstständige, Ein-Personen-Unternehmen und in instabilen Jobs. Mit ihrer Hilfe und durch sie möchte ich aufzeigen, was Hungerlöhne, fehlender rechtlicher Schutz und mangelnde soziale Absicherung für Menschen tagtäglich wirklich bedeuten.

Die geschilderten Erzählungen beruhen alle auf langen und intensiven Einzelgesprächen. Sie fanden ausschließlich und nur unter Zustimmung der Betroffenen im Zeitraum von Herbst 2017 bis Frühling 2018 für dieses Buch statt. Sie entsprechen alle den tatsächlichen Ereignissen und Gegebenheiten, nur die Namen der betreffenden Personen wurden geändert und in der Erzählung wurde darauf geachtet, dass keine Nachvollziehbarkeit bezüglich ihrer ArbeitgeberInnen besteht. Das ist eine unvermeidbare Maßnahme zum Schutz der Betroffenen, die mich mit ihrer Offenheit und Zeit nicht nur auf großartige Weise unterstützt, sondern dieses Buch überhaupt erst möglich gemacht haben. Bei ihnen möchte ich mich, auch an dieser Stelle, ausdrücklich für ihr Mitwirken bedanken und ihnen meine tiefe Bewunderung für ihre Stärke in der Meisterung ihrer so schwierigen Lebenslagen ausdrücken.

In der Einleitung widme ich mich nach einem kurzen Aufriss der atypischen und prekären Beschäftigung in Österreich insgesamt vor allem der Frage, wie es zu den heutigen Missständen und Problemen am europäischen Arbeitsmarkt kommen konnte. Meine Darstellung beinhaltet eine kurze Skizzierung der umfassenden Deregulierungsmaßnahmen unter dem Etikett der „Flexibilisierung", beginnend mit den späten 1970er-Jahren in Großbritannien über die Agenda 2010 in Deutschland bis zu den Eingriffen, die infolge der Finanzkrise vorgenommen wurden. Der Blick über die Grenze zeigt, wie fehlende Regulierungen, die auf den ersten Blick wie unnötige Details wirken mögen, große Sicherheitslücken in das soziale Netz europäischer Länder gerissen und einen riesigen Niedriglohnsektor verursacht haben.

Nach den acht Berichten findet sich im Epilog eine kurze aktuelle Einschätzung zu den geplanten Maßnahmen der rechtskonservativen ÖVP-FPÖ-Regierung, die eine Verschlechterung der Lage aller Arbeitenden bedeuten. Abschließend folgt ein Ausblick, der unsere Handlungsmöglichkeiten aufzeigen soll. Denn ein prekärer, auf Ausbeutung beruhender Arbeitsmarkt passiert nicht einfach. Er ist das Ergebnis bewusster politischer Entscheidungen oder der Verabsäumung ebendieser. Was auch immer uns manche erzählen mögen – wir müssen hart erkämpfte Errungenschaften und Rechte nicht aufgeben, weil Veränderungen nicht zwangsläufig zu Verschlechterungen führen müssen. Im Gegenteil: Es besteht keine echte Notwendigkeit dafür, dass wenige sehr gut und viele sehr schlecht für ihre Arbeit entlohnt werden. Arbeit verschwindet auch nicht einfach durch den technologischen Fortschritt und löst sich in Luft auf. Die Frage ist nur, wie wir Arbeit zukünftig verteilen und bewerten wollen, ob das solidarisch und gerecht oder sozialdarwinistisch erfolgen soll.

Einleitung

WIE ES IST UND WIE ES SO WEIT KOMMEN KONNTE

WIE ES IST

Mehr als zehn Prozent der Beschäftigten in Österreich befürchten, dass sie innerhalb der nächsten sechs Monate ihren Arbeitsplatz verlieren werden. Unter den 15- bis 24-Jährigen sind es sogar fast 16 Prozent.[1] Umso jünger also die Beschäftigten sind, desto größer ist auch ihre Angst, zukünftig ohne Arbeit dazustehen. Mit einem kurzen Blick auf Stellenausschreibungen und Arbeitsmarktstatistiken lässt sich das nur allzu leicht nachvollziehen. Denn der Wettbewerb am Arbeitsmarkt hat sich massiv verschärft und es gibt bedeutend mehr Menschen auf der Suche nach einem Arbeitsplatz als freie Stellen. Im Dezember 2017 kamen 443.481 Arbeitslose auf nur 54.818 offene Stellen. Auf einen freien Arbeitsplatz kommen also rein rechnerisch acht BewerberInnen[2].

Sorgen und Unsicherheit um den eigenen Arbeitsplatz haben also eine sehr reale Grundlage. Wir können uns nicht damit beruhigen, dass es sich um eine gefühlte, vielleicht irrationale Angst handelt, denn bei zu vielen ist die Sorge durchaus berechtigt.

> Über ein Drittel der unselbstständig Erwerbstätigen ist nur „instabil beschäftigt", das bedeutet, sie arbeiten nicht einmal ein Jahr durchgehend beim gleichen Arbeitgeber. Hier zeigt sich auch, warum junge Beschäftigte mit noch größerer Unsicherheit in die nahe Zukunft blicken als ihre Kolleginnen und Kollegen, denn unter den bis zu 25-Jährigen sind es sogar knapp 70 Prozent.[3]

Einen stabilen Arbeitsplatz mit Zukunftsperspektive hat heute nicht einmal mehr ein Drittel der jungen Erwerbstätigen – und das in Kontrast zu einer Elterngeneration, die im selben Alter noch zuversichtlich auf solide wachsende Löhne und beruflichen Aufstieg vertrauen konnte. Sie waren in diesem Alter bereits mitten in der Existenz- und Familiengründung, während heute für Gleichaltrige schon die Finanzierung eines eigenen Zimmers in einer Wohngemeinschaft zur Herausforderung wird. Auch die hohe Stellendynamik und Fluktuation über alle Altersgruppen hinweg erklären die Angst vor Arbeitslosigkeit. Arbeitsplätze werden im Durchschnitt nach weniger als zwei Jahren neu besetzt, im Tourismus sogar fast zweimal pro Jahr. Von den rund eine Million neu aufgenommenen Beschäftigungsverhältnissen im Jahr 2010 wurden rund 78 Prozent innerhalb von zwei Jahren wieder beendet.[4]

> Der Anteil der Beschäftigten, die von ihren ArbeitgeberInnen kurzzeitig in betrieblichen Phasen mit geringerer Auslastung gekündigt werden, um im gleichen Jahr wieder eingestellt zu werden, liegt bei knapp 43 Prozent aller begonnenen Arbeitsverhältnisse.

Diese beim AMS „geparkten" sogenannten „Drehtür-Arbeitslosen" stellen inzwischen rund 20 Prozent aller Arbeitslosen dar.[5]

Es ist ein bitteres Geständnis, aber prekäre, also unsichere Arbeit, mitsamt ihren weitreichenden negativen Konsequenzen, ist auch in Österreich kein gesellschaftliches Randphänomen mehr. Unsicherheit, Angst und Geldnot sind mittlerweile zur ständigen unangenehmen Begleitung einer Vielzahl von jungen wie alten Menschen geworden, von ArbeiterInnen wie Angestellten – und das, obwohl sie einer Arbeit nachgehen. 300.000 Erwerbstätige, das entspricht rund acht Prozent aller Beschäftigten, wurden 2017 als „Working Poor" eingestuft. Sie sind arm, obwohl sie arbeiten. Ihr Einkommen liegt ungeachtet ihrer Erwerbstätigkeit unter der Armutsgefährdungsschwelle von 1.238 Euro netto monatlich.[6]

Und nein, nicht das eigene, individuelle Versagen von Einzelnen ist für diese miesen Jobs, die nur Hungerlöhne abwerfen, verantwortlich. Ebenso wenig liegt die Ursache dafür, dass instabil Beschäftigte im Mittel um 25 Prozent weniger verdienen, in einem sozialen Problem der Arbeitenden.[7] Die Wurzel dafür ist ein gesamtgesellschaftliches Problem, das sich durch die politische Gestaltung der Rahmenbedingungen erst rund um und nun auch in Österreich zu einem Flächenbrand auswächst.

Nichts bestimmt die Lebensbedingungen und Lebensqualität der Menschen so stark, wie ihre Arbeit. Kaum jemand wird mit einem Erbe geboren, das es ermöglicht, das eigene Kapital für sich arbeiten zu lassen. Fast alle von uns müssen von ihrer Arbeitskraft leben. Deswegen muss sie uns Sicherheit und ein menschenwürdiges Dasein ermöglichen. Natürlich geht es bei Arbeit im Idealfall auch um Selbstverwirklichung und Erfüllung, aber die Grundvoraussetzung ist, dass wir durch Arbeit und den Lohn, den wir dafür erhalten, eigenständig leben können. Wenn sich Menschen durch ihre Arbeit kein menschenwürdiges Dasein mehr finanzieren können, wenn sie dadurch keine Selbstbestimmtheit erlangen können, dann liegt das nicht an dem Verschulden der einzelnen Arbeitenden, sondern am Versagen der Politik.

Prekäre Arbeit, das bedeutet also die fehlende Sicherheit in Bezug auf die Dauer des Arbeitsverhältnisses und/oder die Entlohnung im Rahmen desselben. Es bedeutet, wenig bis keinen Einfluss auf die Ausgestaltung der konkreten Arbeitssituation, fehlenden oder lediglich partiellen arbeitsrechtlichen Schutz sowie mangelhafte soziale Absicherung und kaum Chancen auf eine materielle Existenzsicherung zu haben.[8] Prekäre Arbeit gefährdet unseren Sozialstaat, der vorwiegend durch uns Arbeitende finanziert wird. Sie raubt Menschen nicht weniger als die Perspektive und Planungssicherheit, ihr Leben zu gestalten. Sie stürzt Menschen in die soziale Isolation. Sie geht einher mit einem Verlust der Sinnhaftigkeit und sozialen Anerkennung[9], weil die Betroffenen von der Hand in den Mund leben müssen, sich gesellschaftliche Teilhabe nicht leisten und nicht frei über ihre Zeit verfügen können. Und sie nimmt darüber hinaus Einfluss auf das Sicherheitsgefühl aller Arbeitenden. Denn unter dem steigenden Druck unterwerfen sich alle Arbeitenden zunehmend schlechteren Arbeitsbedingungen und niedrigen Löhnen, vor lauter Angst, durch jemand billigeren und „flexibleren" ersetzt zu werden.

ALTE, NEUE KLASSENFRAGE

Die Jüngeren von uns spüren es schon seit über zehn Jahren, aber spätestens seit der Finanzkrise ist es ein offenes Geheimnis: Anders als noch vor etwa fünfzig Jahren sind Bildung und ein bestimmtes Berufsbild oder der Angestellten-Status per se heute keine Garanten mehr für ein ausreichendes Einkommen, das Sicherheit und Stabilität bietet.

> Die Trennlinie verläuft nicht mehr zwischen gut verdienenden und sozial ordentlich abgesicherten AkademikerInnen und formal geringer gebildeten und daher schlechter verdienenden ArbeiterInnen.

AkademikerInnen hängen trotz ihres formal hohen Bildungsniveaus zunehmend ebenfalls im Prekariat fest. So verdient ein/e MetallarbeiterIn heute beispielsweise mehr als die meisten im Wissenschaftsbetrieb beschäftigten AkademikerInnen.

> Zwar bestand auch früher die Arbeiterklasse, anders als das Stereotyp des industriellen Proletariats vermuten lässt, nie nur aus männlichen Fabrikarbeitern, sondern ebenso aus weiblichen wie männlichen Beschäftigten im Dienstleistungssektor, der Landwirtschaft oder wenig Profit erwirtschaftenden Selbstständigen wie Handwerkern, Handelstreibenden oder Heimarbeiterinnen. Auf die arbeitenden Frauen wurde bei diesem Bild jedoch fast immer vergessen.

Auf Frauen als Teil der Arbeiterklasse und prekäre Beschäftigung in der Heimarbeit hat schon 1923 die großartige Sozialwissenschafterin und Pionierin der ArbeitnehmerInnenvertretung, Käthe Leichter, in ihrem Forschungswerk über schneidernde Heimarbeiterinnen hingewiesen: „Es ist das Bestreben der Unternehmer, ihr Risiko auf die Arbeiter abzuwälzen, sie wollen der Verteuerung des Fabriksystems durch die Sozialgesetzgebung entrinnen und lagern die Produktion aus, an das unerschöpfliche Reservoir billiger, gefügiger Arbeitskräfte in der Heimarbeit. Die Furcht, die Arbeit zu verlieren, macht die Heimarbeiterschaft gefügig und lässt sie von der Beanspruchung ihrer gesetzlichen Rechte zurückschrecken."[10] Damit hatte sie den Kern von vielen der heute Neuen Selbstständigen und Ein-Personen-Unternehmen bereits zur damaligen Zeit erfasst.

Mit einem mittleren Jahreseinkommen von rund 16.000 Euro müssen diese Solosselbstständigen heute oft mehr schlecht als recht von der Hand in den Mund leben und verfügen trotzdem über keinerlei Freiheit in ihrem formal freien UnternehmerInnen-Dasein.[11]

> Eine einfache Unterscheidung zwischen formaler Selbst- und Unselbstständigkeit im Erwerbsstatus war auch im Industriezeitalter des 19. Jahrhunderts schon eine unvollständige Begrenzung der Arbeiterklasse. Gestern wie heute ergeben sich Klassenunterschiede vor allem aus ungleichen Einkommen und Abhängigkeiten, vererbter monetärer und sozialer Sicherheit beziehungsweise Unsicherheit und habituellen Codes.

Eine wesentliche Veränderung hat uns heute den damaligen Zuständen des 19. Jahrhunderts wieder nähergebracht. Die soziale Vereinzelung von Arbeitenden und damit ihre zunehmende Separation bis hin zur Isolation hat in den letzten Jahrzehnten wieder stark zugenommen. Das geschieht sowohl am Arbeitsort selbst, durch fehlende gemeinsame Arbeitsplätze, als auch durch unterschiedliche Vertragskonstruktionen und Gehaltsstufen. So ist es zu einer deutlichen Segmentierung am Arbeitsmarkt und in der Folge zum Verlust eines kollektiven Wir-Gefühls gekommen. Durch differenzierte Entlohnungen, Arbeitsvoraussetzungen, Leistungserwartungen und Arbeitszeiten sind aus einer zwischenzeitig kollektiven ArbeiterInnenschaft wieder lauter EinzelkämpferInnen geworden.

> Aus einem klaren Spannungsverhältnis von „oben gegen unten" und „unten gegen oben", ist ein „oben gegen unten" und ein Konkurrenzkampf auf horizontaler Ebene geworden.

Denn selbst in großen, gewerkschaftlich gut durchorganisierten Industriebetrieben finden sich ArbeiterInnen und Angestellte – beide jeweils mit alten und neuen Gehaltsschemen. Weiters gibt es dort überlassene Arbeitskräfte, umgangssprachlich „LeiharbeiterInnen" genannt, die im eigenen Betrieb, über ein Tochterfirmenkonstrukt oder einen externen Anbieter verliehen werden. Dazu gesellen sich noch PraktikantInnen, Beschäftigte mit befristeten Verträgen, Freie DienstnehmerInnen und Arbeitende auf Honorarbasis. Sie alle haben inzwischen nur noch eines gemeinsam, sie stehen unter starkem Druck.

ARBEITSLOSIGKEIT, STEIGENDER DRUCK UND ATYPISCHE BESCHÄFTIGUNG

Die weitverbreitete Angst vor Arbeitslosigkeit in den letzten Jahren ist ein weiterer Faktor, der den Druck auf die Beschäftigten erhöht und zunehmend mehr Menschen zwingt, unter schlechteren Konditionen zu arbeiten. Unbefristete Vollzeitbeschäftigte haben verstärkt Angst, durch jüngere und „billigere" Kolleginnen und Kollegen mit Teilzeitverträgen ersetzt zu werden. Während für Angestellte gesetzliche und kollektivvertragliche Arbeitszeitvorgaben und Schutzvorschriften gelten, werden Freie DienstnehmerInnen und Neue Selbstständige in der Praxis nach Lust und Laune der ArbeitgeberInnen eingesetzt – egal ob 16 Stunden am Stück, während der Nacht oder an Sonn- und Feiertagen, ohne dass für sie Überstunden- oder Mehrarbeitszuschläge anfallen.

Auch deswegen hat die Konkurrenz unter den Beschäftigten so stark zugenommen, denn von Unternehmen forcierte Wettbewerbe um zu wenige freie Stellen produzieren neben einer kleinen Gruppe von „GewinnerInnen" zwangsläufig auch eine ungleich größere Gruppe von „VerliererInnen". Statt auf Schulterschlüsse zu setzen, wird Arbeitenden heute eher nahegelegt, ihre Ellbogen auszupacken. Die Angst, ersetzt zu werden, ist so groß, dass der Kampf um den „Mitarbeiter des Monats" zum selbstverständlichen Dauersprint geworden ist. Wir alle sollen Wunderwuzzis sein, noch qualifizierter, noch erfahrener, noch leistungsbereiter. Wir sollen „Hands-on-Mentalität" und „Out-of-the-Box-Denken" mitbringen, Jobs als „persönlichen Benefit" für unseren Lebenslauf sehen und nicht mehr für Geld, sondern für die „Karriere" arbeiten.

Kein Wunder, dass das erst mit der Industrialisierung geborene „klassische Normalarbeitsverhältnis", der unbefristete Vollzeitarbeitsplatz, begehrter denn je geworden ist, während zunehmend weniger Beschäftigte davon profitieren.

> Seit der Finanzkrise 2008 kam es zu einem Zuwachs von sogenannter „atypischer Beschäftigung" um rund 29 Prozent. Davon entfallen 13,3 Prozent auf Teilzeitstellen, die restlichen 15,4 Prozent setzen sich aus befristeten Arbeitsverhältnissen, Leiharbeit und Freien Dienstverhältnissen zusammen. Im Jahr 2016 waren mit 52,8 Prozent über die Hälfte der erwerbstätigen Frauen und 16,9 Prozent der Männer „atypisch" beschäftigt. Insgesamt lag der Anteil der „atypisch" Beschäftigten bei 34,3 Prozent aller ArbeitnehmerInnen in Österreich.[12]

In großen Branchen wie dem Handel oder dem Gesundheits- und Sozialbereich ist es inzwischen sogar typisch, „atypisch" beschäftigt zu sein, das „Normalarbeitsverhältnis" ist hingegen zur Ausnahme geworden.

Analog zu diesen „atypischen" Beschäftigungsformen haben die prekären Arbeitsverhältnisse ebenso massiv zugenommen. Das liegt daran, dass „atypische" Beschäftigungsformen zwar nicht zwangsläufig prekär sein müssen, es aber mit sehr hoher Wahrscheinlichkeit sind. Das bedeutet nicht, dass ein Normalarbeitsverhältnis automatisch sicher ist, auch ein unbefristeter Vollzeitjob kann prekär sein. Das Risiko dafür fällt jedoch wesentlich geringer aus.

WIE ES SO WEIT KOMMEN KONNTE

Während sich in Österreich atypische Beschäftigungsformen und prekäre Arbeit allmählich durch die Hintertüre eingeschlichen haben, sind in Europa bereits zig Millionen prekäre Jobs und ein riesiger, stetig wachsender Niedriglohnsektor entstanden. Der Grund dafür ist die Deregulierung des Arbeitsrechts. Diese wird begleitet von der Zerschlagung von flächendeckenden Branchentarifverträgen, analog zu den österreichischen Kollektivverträgen, der Schwächung von Gewerkschaften und Rechten der Beschäftigten. All das geschah und geschieht unter dem Etikett der „Flexibilisierung". Quer durch Europa wurde diesem Dogma der

Arbeitsmarkt-„Flexibilisierung" während der letzten 15 Jahre radikal Folge geleistet. So wurden in Großbritannien, Deutschland, Polen, Spanien, Italien, Rumänien, Griechenland, Portugal und Frankreich die Tarifverträge und Mindestlöhne von der national gültigen Branchenebene auf die einzelne Betriebsebene beschränkt oder überhaupt nahezu abgeschafft.

Unter der falschen Annahme, dass weniger Regeln und mehr Spielraum für ArbeitgeberInnen, Vertragsbedingungen einseitig nach eigenem Ermessen ändern zu können, die Wirtschaft stimulieren und so mehr neue Arbeitsplätze schaffen würden, wurden Rechte zerstört. Rechte, die von Arbeitenden über Generationen hinweg hart erkämpft wurden, um von TagelöhnerInnen, die unter furchtbarsten Bedingungen schuften mussten, zu sozial abgesicherten Beschäftigten zu werden, denen ein menschenwürdiges Dasein zusteht. Durch diese deregulierenden Eingriffe auf Kosten der Beschäftigten wurde der Geltungsbereich der Tarifverträge reduziert und damit wurden die darin verankerten Mindestlöhne außer Kraft gesetzt. Das europäische Lohnniveau ging nach unten, während die soziale Ungleichheit stieg und der Abstand zwischen Vermögenden und den von Erwerbsarbeit Abhängigen wieder größer wurde.[13]

DIE DEREGULIERUNG DES EUROPÄISCHEN ARBEITSMARKTS

Ursprünglich begann die Entwicklung der Deregulierung des Arbeitsrechts, der Schwächung von Gewerkschaften und ArbeitnehmerInnenrechten und des Ausbaus des Niedriglohnsektors unter Margaret Thatcher in Großbritannien. Nach ihrem Regierungsantritt 1979 startete die konservative Premierministerin ein Programm bestehend aus niedrigen Steuern und Zöllen, der Privatisierung von Staatseigentum und öffentlichen Ressourcen sowie der Deregulierung des Arbeitsmarkts. Um die Zerschlagung von Gewerkschaften und die Entrechtung der Beschäftigten umsetzen zu können, nahm sie sogar die Zerstörung der britischen Industrie in Kauf.

> Die Folgen von Thatchers Liberalisierung haben noch vor dem Ende ihrer Regierungszeit zu einer Arbeitslosigkeit auf Rekordhöhe geführt.

Die traurige Bilanz vom Juli 1985: 13,4 Prozent der Bevölkerung im erwerbsfähigen Alter waren arbeitslos, das entsprach 3.235.000 Personen, die von Arbeitslosenunterstützung leben mussten. Dazu kamen 134.000 SchulabgängerInnen, die noch nicht berechtigt waren, Unterstützung zu beziehen, aber ebenso in die Arbeitslosigkeit rutschten. 22 Prozent der Jugendlichen in der Altersklasse von 18 bis 24 Jahren waren arbeitslos sowie 26 Prozent der 18- und 19-Jährigen. 1,3 Millionen Personen waren zum damaligen Zeitpunkt bereits über ein Jahr und 458.000 waren schon seit mindestens drei Jahren arbeitslos gemeldet. Das entsprach einer Zunahme um 37 Prozent in nur einem Jahr. Der damalige Arbeitsminister Tom King benannte die Arbeitslosigkeit als „das schwierigste Problem und die größte Herausforderung" für Thatchers Regierung.[14]

Ökonomen der Universität Cambridge haben 2015 konstatiert, dass es durch Thatchers Politik insgesamt mit Großbritanniens Wirtschaft bergab gegangen ist und sie bis dato zu einer permanent niedrigeren Wachstumsrate der Produktivität geführt hat.[15] In den folgenden Jahren sind die Arbeitslosenzahlen durch die britische „Workfare"-Politik, die vor allem auf die Bestrafung und Disziplinierung von Arbeitslosen abzielt, zwar wieder zurückgegangen. Aber die hemmungslose Deregulierung des Arbeitsrechts hat das Lohnniveau bis heute nachhaltig gesenkt und neue TagelöhnerInnen produziert. Ein besonders menschenunwürdiges Extrem, das diese Politik geboren hat, sind „Null-Stunden-Verträge". ArbeitgeberInnen legen darin den Stundenlohn für die Beschäftigten fest, aber nicht das Ausmaß der zu leistenden Arbeitsstunden. Die Beschäftigten müssen sich verpflichten, rund um die Uhr auf Abruf bereitzustehen. Sie haben in dieser Konstruktion keinerlei Sicherheit darüber, dass es überhaupt Arbeitsaufträge für sie geben wird und wie viel sie letzten Endes damit verdienen werden.

Weiter ging es mit der Agenda 2010 in Deutschland. Sie wurde von 2003 bis 2005 von der SPD und dem Bündnis 90/Die Grünen realisiert. Auch mit diesem weitreichenden „Reform"- und Deregulierungspaket, sollten Arbeitslosenzahlen reduziert und neue Arbeitsplätze geschaffen werden. Begleitet vom „Umbau des Sozialstaates und seiner Erneuerung" und vorgestellt mit den Worten „wir werden Leistungen des Staates kürzen"[16], wurden Rechte und Regeln zum Schutz der Beschäftigten rücksichtslos abgeschafft. Das zuvor weitreichende Befristungsverbot und die Beschränkungen der Überlassungshöchstdauer von LeiharbeiterInnen wurden gestrichen. So konnten Zeitarbeitskräfte auch über Jahre ausgeliehen werden, ohne jemals fix angestellt werden zu müssen. Ebenso wurde durch die Außerkraftsetzung des „Synchronisationsverbots" das Auftragsrisiko von den Leiharbeitsfirmen auf die LeiharbeiterInnen abgewälzt, die dadurch selbst mit einem unbefristeten Vertrag kündbar wurden. Außerdem wurde die Tür für eigene Tarifverträge für LeiharbeiterInnen mit schlechteren Gehaltsschemen geöffnet. Sie wurden zu billigen, jederzeit kündbaren Beschäftigten zweiter Klasse gemacht.

Für geringfügige Beschäftigung, in Deutschland „Minijobs" genannt, wurden steuerliche Anreize geschaffen und die Beschränkung der Arbeitszeit wurde aufgehoben. So konnten sogenannte „Kapazitätsorientierte variable Arbeitszeitmodelle" nach amerikanischem Vorbild in Deutschland Fuß fassen. Ähnlich wie bei den britischen „Null-Stunden-Verträgen" wird bei dieser Konstruktion von „Arbeit auf Abruf" den Unternehmen die Möglichkeit geboten, Beschäftigte nach Belieben auf Abruf bereitstehen zu lassen. Die Beschäftigten werden also nur nach den spontanen Interessen der ArbeitgeberInnen eingesetzt und müssen ansonsten zu Hause sitzen und warten. Die Zeit zwischen den Arbeitseinsätzen gilt als Freizeit und muss nicht entschädigt werden.

Gleichzeitig wurde die Bezugsdauer des Arbeitslosengeldes erheblich verkürzt. Und Arbeitslose werden dazu gezwungen, wirklich jeden Job anzunehmen, den sie von der Bundesagentur für Arbeit „vorgeschlagen" bekommen, egal wie schlecht er bezahlt ist. Zwar wurden von 2008 bis 2017 ein paar der Agenda-2010-Deregulierungsmaßnahmen wieder entschärft, die Bedingungen jedoch nicht auf das ursprüngliche Sicherheitsniveau für die Arbeitenden zurückgeführt. So besteht der Schaden bis heute. Das Lohnniveau ist in Deutschland insgesamt für alle Beschäftigten gesunken und ein eigener breiter Niedriglohnsektor ist entstanden. „Atypische Beschäftigung", also befristete Arbeit, Dienstverträge auf Teilzeitbasis, Leiharbeit und Minijobs, ist mit 40 Prozent auf dem höchsten Stand seit 13 Jahren.

> Mit der Agenda 2010 wurde die Tür für miese Jobs nicht nur geöffnet, sondern ganz weit aufgerissen. Unzählige Unternehmen entzogen sich den Flächentarifverträgen und bedienten sich prekärer Beschäftigungsformen, um Lohnkosten einzusparen und auf Kosten der Beschäftigten ihren Profit zu erhöhen.

Das nächste Land war Polen. Nach seinem Beitritt zur EU 2004 wollte es die eigene Wettbewerbsfähigkeit gegenüber Deutschland erhöhen. Es schaffte den Kündigungsschutz für befristet Beschäftigte vollends ab, seither können sie jederzeit ohne Angabe von Gründen gekündigt werden. Gleichzeitig wurde die „Auftragsbeschäftigung" ausgeweitet. Die Beschäftigten haben dadurch weder Anspruch auf eine Sozial- und Krankenversicherung noch den gesetzlichen Mindestlohn von rund 470 Euro monatlich. Über ein Drittel aller polnischen Beschäftigten arbeitet seither ungesichert oder nur für Gehälter unter der Armutsgrenze.

DAS FLEXIBILISIERUNGS-DOGMA ALS FALSCHES HEILSVERSPRECHEN

Obwohl zunehmend Stimmen lauter wurden, die Großbritannien als Negativbeispiel benannten, wurde nach der Finanzkrise ab 2009 die Flexibilisierung und somit Deregulierung des Arbeitsmarkts als allgemeines Wundermittel verklärt. Die EU-Kommission und die Europäische Zentralbank begannen Länder für deren Umsetzung aktiv unter Druck zu setzen. Italien sollte die Verhandlungen über Tarifverträge von der nationalen auf die Betriebsebene beschränken. Spanien erhielt die Auflage, „Maßnahmen zur Lohnmäßigung im privaten Sektor" durchzusetzen. Arbeitsverträge erlauben seither, dass Beschäftigte nach einer Kündigung nur mehr eine sehr geringe Entschädigung erhalten.

Im selben Jahr wurde Rumänien nur unter der Voraussetzung ein EU-Notkredit genehmigt, dass deregulierende Eingriffe in seine Tarifvertragspolitik erfolgen würden. Das Resultat war die Abschaffung der nationalen Tarifverträge und des Kündigungsschutzes für Betriebsrätinnen und Betriebsräte sowie Streikende. Begleitend wurde das Arbeitsrecht so reformiert, dass Unternehmen Vollzeitarbeitsverträge nach Lust und Laune auf Teilzeit reduzieren können. Neue Verträge konnten auch nur befristet ausgestellt werden und LeiharbeiterInnen komplett unbegrenzt beschäftigt werden. Heute bleibt rund 40 Prozent der Beschäftigten in Rumänien nur noch der gesetzliche Mindestlohn von 2,50 Euro pro Stunde.[17]

In der Folge wurden 2011 Griechenland und Portugal von der Troika (der Kooperation der Europäischen Zentralbank, des Internationalen Währungsfonds und der Europäischen Kommission) dazu gezwungen, ihre bis dahin gültigen nationalen Flächentarifverträge abzuschaffen. Zum großen Nachteil der Beschäftigten und als Begünstigung für ein niedrigeres Lohnniveau kann seither fast nur noch auf Betriebsebene verhandelt werden – meist auch noch direkt mit den Beschäftigten, die ihre Interessen allein viel schwerer durchsetzen können als mit der Unterstützung ihrer Gewerkschaften. In den Jahren danach wurden in Griechenland zahllose unbefristete Verträge in befristete Teilzeitanstellungen verwandelt, in vier von fünf Fällen ohne Zustimmung der Beschäftigten. Die Löhne fielen im Schnitt um 23 Prozent. In Portugal fiel die Abdeckung von Arbeitsverträgen durch Tarifvereinbarungen innerhalb von sechs Jahren von 45 auf 5 Prozent.[18] In beiden Ländern war im Dezember 2013 über die Hälfte aller Jugendlichen zwischen 15 und 24 Jahren erwerbslos.[19]

Natürlich blieb diese Entwicklung nicht unbemerkt und immer mehr KritikerInnen meldeten sich zu Wort. Denn anders als es die Prämisse der Deregulierung und Flexibilisierung versprach, kam es nicht zu einem Wachstum des Arbeitsangebots, es wurde nur die vorhandene Arbeit auf mehrere Köpfe zu schlechteren Konditionen verteilt – zum großen Nachteil der Beschäftigten. Weder in Großbritannien noch in Deutschland, Polen, Spanien, Italien oder Rumänien wurden mehr vollwertige Arbeitsplätze für Arbeitssuchende geschaffen, stattdessen kam es zu einem extremen Wachstum von prekären und schlecht bezahlten Jobs. Vier von fünf der neu entstandenen Jobs in Europa seit 2012 sind auf Teilzeit beschränkt oder befristet und großteils sind sie schlechter entlohnt, als es die Tarifverträge vorgesehen hätten.[20]

> „Die Regulierung des Arbeitsmarktes hat keine statistisch signifikante Wirkung auf die Produktivität", urteilte der Internationale Währungsfonds bereits in seinem Jahresbericht 2015.[21]

Die traditionell marktliberale Organisation für wirtschaftliche Zusammenarbeit und Entwicklung (OECD) bestätigte 2016: „Die Flexibilisierung der Kündigungsschutzgesetze hat im schlimmsten Fall keine oder nur begrenzte Wirkung auf das Niveau der Beschäftigung."[22]

„All diese unsicheren Formen von Arbeit sind extrem teuer sowohl für die Betroffenen als auch für die Gesellschaft", warnte selbst Olivier Blanchard, der langjährige Chefökonom des Internationalen Währungsfonds. Auch der Präsident der Europäischen Zentralbank Mario Draghi, der einst als starker Befürworter der Flexibilisierungsmaßnahmen auftrat und Spanien sowie Italien zur Schwächung ihrer Gewerkschaften und Lohnmäßigung drängte, korrigiert nun seinen Kurs. Die schwachen Löhne, die hinter dem Wirtschaftswachstum zurückbleiben, würden zum Problem. Zwar hätten „die Strukturreformen die Löhne flexibilisiert, aber nur nach unten und nicht nach oben", beklagt Draghi. Dass fast die Hälfte der ArbeitnehmerInnen unter 25 Jahren in Europa nur auf Zeit angestellt ist, in Spanien oder Polen sogar über 70 Prozent, „ist sehr problematisch", räumt Marianne Thyssen ein. Die konservative EU-Kommissarin für Beschäftigung und Soziales warnt weiter: „Prekäre Jobs dürfen nicht die Norm werden." Damit grenzt sie sich scharf von der früheren Deregulierungspolitik ihrer Behörde ab.[23]

Der Gouverneur der Österreichischen Nationalbank Ewald Nowotny erklärte dazu im Oktober 2017, dass „die Kernbelegschaft vieler Unternehmen kleiner wird und mehr Kollegen atypisch beschäftigt sind. Manches von dem, was unter dem Stichwort Strukturreformen eingeleitet wurde, dürfte außerdem die Verhandlungsmacht der Gewerkschaften geschwächt haben." Er ergänzt weiter: „Die zu geringe Inflation ist für viele Notenbanken ein Problem. Was wir dabei beobachten, ist, dass die traditionelle Beziehung zwischen Lohnentwicklung und Arbeitslosigkeit derzeit nicht funktioniert. Angesichts der deutlich gesunkenen Arbeitslosenquoten würde man weltweit stärkere Lohnsteigerungen erwarten. Das geschieht nicht. Daher ist die neue Konstellation eingetreten, dass Notenbanken für höhere Lohnsteigerungen eintreten, um so eine adäquate Inflation zu erreichen."[24]

Jetzt könnte man annehmen, dass nachdem selbst die wirtschaftsliberalsten Institutionen Europas und führende konservative EU-PolitikerInnen ihre Fehler nach zehnjähriger Zerstörungswut erkannt haben, keine weiteren Länder mehr blind dem Flexibilisierungs-Dogma folgen. Aber wider all die Institutionen, ÖkonomInnen, Studien und Belege, dass Deregulierungsmaßnahmen nachweislich zu keiner erhöhten Beschäftigung führen und keine neuen Arbeitsplätze schaffen, hat die neue Regierung in Frankreich unter Emmanuel Macron erst 2017 ein weitreichendes Deregulierungspaket verabschiedet. Das geschah mit ebendieser falschen Begründung, mithilfe von Deregulierung neue Arbeitsplätze schaffen zu wollen.

In fünf Verordnungen, auf weit über 100 Seiten, wurden 36 Punkte beschlossen. Die gesetzlich garantierte Anwendung von national gültigen Tarifverträgen wurde aufgehoben. Stattdessen können Tarifverträge, Arbeitszeit und Bezahlung nur noch auf Betriebsebene verhandelt werden. Die Rechte der Gewerkschaften wurden beschnitten: Ihr Verhandlungsgegenüber können ArbeitgeberInnen inzwischen selbst bestimmen, indem sie dafür „Referenten" einsetzen. Diese „Referenten" können sogar Führungskräfte sein, die sich die Geschäftsführung frei von jeglichen Vorgaben selbst aussuchen kann. Zusätzlich wurde der allgemeine Kündigungsschutz gelockert und Kündigungsabfindungen wurden begrenzt. Weiter ist es nun möglich, Beschäftigte nur noch auf Projektbasis zu beschäftigen, so können sie nach Projektende jederzeit wieder gekündigt werden.

Auch in Österreich sind aktuell die Forderungen nach „Flexibilisierung" wieder lauter denn je. Die ÖVP-FPÖ-Regierung hat sich mit ihrem Koalitionsabkommen zum Ziel gesetzt, in genau die gleiche Kerbe zu schlagen. Soweit der Stand der Dinge bis heute. Aber was bedeuten diese Zahlen, diese Entwicklung in der Realität, im Alltag für die Betroffenen? Wer sind diese „aytpisch" und prekär Beschäftigten?

Es folgen acht Erlebnisberichte: Am Beispiel von Manuel, dem geprellten Praktikanten, wird die Praktikaschleife erklärt, in der so viele Junge ihre Runden drehen. Durch Iskos und Claudias Erzählung wird spürbar, wie schwierig es für die ganze Familie ist, wenn der Vater Leiharbeiter ist und ständig zwischen Arbeitslosigkeit und Arbeitseinsätzen im In- und Ausland wechseln muss. Sabine ist eine von unzähligen unfreiwilligen Teilzeitbeschäftigten und kämpft seit Jahren um jede Stunde ihrer Arbeitszeit. Ayaz und Berat arbeiten zwar hart von früh bis spät, aber wollen sich über ihren Niedriglohnjob trotzdem nicht beschweren. Silje hat zwar einen Vertrag als Freie Dienstnehmerin unterschrieben, ist aber trotzdem eine klassische Scheinselbstständige, und Marlene hechelt im Hochschulsektor von einem befristeten Arbeitsvertrag zu nächsten. Ercan hasst seinen Job als Paketbote und fühlt sich mehr als Tagelöhner denn als Ein-Personen-Unternehmen. Dinas längstes Dienstverhältnis in über 15 Jahren hat nur neun Monate gedauert.

1. Kapitel

Der Praktikant

Manuel, der geprellte Praktikant: eine Geschichte großer Hoffnung und bitterer Enttäuschung

Ich treffe Manuel in einem Wiener Gastgarten. Er hat gute Neuigkeiten und wirkt sichtlich entspannt, er hat neun Monate Rechtsstreit und zwei Gerichtsverfahren hinter sich. Vor ein paar Tagen wurde das zweite Urteil vor Gericht erstritten, ihm wurden weitere rund 5.000 Euro Entgeltnachzahlung zugesprochen, die ersten rund 10.000 Euro hat er schon vor ein paar Monaten erhalten. Aber dazu später mehr.

Seine Geschichte beginnt an einem heißen Sommertag im August 2015. Der 27-jährige, aus Oberösterreich stammende Manuel ist Student in Wien und liest in Stellenangeboten. Im Herbst will er zu arbeiten beginnen. Er entdeckt eine Ausschreibung: *„Redakteur/Redakteurin für ein Magazin gesucht!"*. Er schreibt rasch eine Bewerbung und schon kurze Zeit später freut er sich über eine Einladung zum Vorstellungsgespräch. Er hat bereits Praktika-Erfahrung im journalistischen Bereich und würde dort gerne Fuß fassen. Schon zwei Wochen später betritt er die Räumlichkeiten der Redaktion und wartet im Vorzimmer auf das Vorstellungsgespräch. Er sitzt in einer Art Foyer, in dem eine Couch steht und ein Fernseher an der Wand hängt. Es laufen Werbespots, in denen auch für das Magazin geworben wird, für das Manuel zukünftig arbeiten möchte. Alles macht einen soliden und durchaus ansprechenden Eindruck.

Manuel wartet nicht allein. Es befinden sich noch mehrere andere BewerberInnen in dem kleinen Warteraum. Aus der Tür des Büros, in dem das Vorstellungsgespräch stattfindet, tritt eine Bewerberin und warnt beim Hinausgehen entnervt die anderen Wartenden: „Hier wird gar keine echte Stelle vergeben, es geht nur um ein Praktikum." Es folgen abgeklärte Blicke, die Hälfte der BewerberInnen steht auf und verlässt die Redaktion wieder. Sie sind auf der Suche nach einem richtigen Arbeitsverhältnis. Manuel will trotzdem bleiben, er hat die Hoffnung noch nicht aufgegeben. Er denkt sich, dass es vielleicht nach dem Praktikum noch eine Chance auf eine Stelle geben könnte. Er wird aufgerufen. Im Büro des Herrn Kolm, der sich als Chefredakteur vorstellt, sitzt abseits in einer Ecke noch eine Frau, es ist Gabriele Hayek. Sie werden sich nicht vorgestellt, das nur fünfminütige Gespräch übernimmt Herr Kolm. Nachträglich sollte sich herausstellen, dass Herr Kolm weder der Chefredakteur noch der Geschäftsführer des Verlages war, sondern Gabriele Hayek.

Nur einen Tag später ist Manuel zu einem zweiten Vorstellungsgespräch eingeladen. Es ist für ihn genauso wenig ergiebig wie das erste, denn über sein künftiges Aufgabengebiet erfährt er wenig. Stattdessen wird er viel gefragt, zum Beispiel wie „flexibel" er denn sei, schließlich wäre Arbeit auch am Wochenende unabdinglich und stünde nicht zur Diskussion. Obwohl er nicht recht weiß, was von ihm konkret erwartet wird, sagt er zu. Sicher ist sicher.

EIN HOFFNUNGSVOLLER START

Im drauffolgenden Monat beginnt Manuel sein Praktikum. Inzwischen ist es September, er ist einer von unzähligen PraktikantInnen in Österreich geworden und reiht sich damit in den klassischen beruflichen Werdegang der meisten Mitte Zwanzigjährigen ein. Fast 320.000 SchülerInnen und Studierende müssen im Laufe von Ausbildung und Studium ein Praktikum absolvieren, meist über die Dauer von drei bis sechs Monaten.[25] Mindestens ebenso viele absolvieren ein Praktikum vor und nach ihrer Ausbildung in der Hoffnung, mal den „Fuß in der Tür zu haben" – scheinbar freiwillig. Sie tun das für die Aussicht auf eine feste Anstellung, ein würdiges Gehalt und berufliche Perspektiven.

Manuel soll für sein Praktikum am Anfang 300 Euro monatlich erhalten. Nach drei Monaten, so wird es ihm versprochen, werde aus ihm dann ein echter Angestellter mit einem richtigen Gehalt – natürlich unter der Voraussetzung, dass er keine Probleme und seine Arbeit gut macht. „Wenn es passt", wie Herr Kolm es salopp formulierte. Es gäbe Pläne für einen Relaunch des Magazins. „Arbeit ist mehr als genug da und auf Dauer wird auch jemand gesucht. Aber die Katze im Sack will ja niemand kaufen." Mit diesen Worten der Begrüßung durch Herrn Kolm ist Manuel dazu bereit, sich „einmal ansehen" zu lassen. Heute beantwortet Manuel die Frage, wie er damals mit den 300 Euro monatlich auskommen konnte, nüchtern: „Ich war zwölf Stunden pro Woche als Billeteur im Theater angestellt und hab' immer wieder Unterstützung von meinem Vater bekommen. Ich habe damals zu zweit mit meiner Freundin in einer sehr günstigen 45-Quadratmeter-Wohnung gewohnt, aber es war alles ein Nullsummenspiel. Es blieb kein Cent übrig."

> Und damit ist er nicht allein, denn zwei Drittel der Studierenden, die ein Praktikum absolvieren, werden dafür nicht bezahlt[26]. Ihren Lebensunterhalt müssen sie in dieser Zeit anderweitig bestreiten. Manche haben Glück und werden von ihren Eltern unterstützt, weil diese den finanziellen Spielraum dafür haben. Andere leben von Erspartem, das sie sich zuvor beim Kellnern oder einem der vielen „Studijobs" erarbeitet haben, wenige beziehen ein Stipendium, mit dem sie ein Auskommen finden. Und einige, leider gar nicht so wenige, müssen während ihres unbezahlten Praktikums noch einer weiteren Arbeit nachgehen, um über die Runden zu kommen.

Diejenigen, die bezahlt werden, erhalten meist nur ein Taschengeld: 43 Prozent verdienen weniger als 800 Euro, 15 Prozent erhalten zwischen 800 und 1.000 Euro und nur 31 Prozent verdienen mehr als 1.000 Euro.[27]

Eingeschult wird Manuel am späten Nachmittag des ersten Arbeitstags von Gabriele Hayek. Wobei Einschulung nicht unbedingt das passende Wort sei, wie Manuel erzählt. In einer halben Stunde wird ihm erklärt, wie das Betriebssystem der Homepage funktioniert und er Beiträge für das Online-Magazin hochladen kann. Unmittelbar danach wird er mit der Aufgabe allein gelassen, noch am selben Tag den ersten Artikel für die Rubrik „Politik" zu erstellen.

Er ist ganz allein im Büro, die Redaktion ist leer, alle anderen Kolleginnen und Kollegen sind unterwegs bei Presseterminen oder bereits zu Hause. Manuel bemüht sich, sich selbst zurechtzufinden und seinen ersten Beitrag allein zu erstellen. Als er ihn am nächsten Tag bereits ohne Änderungen oder Korrekturen auf der Seite des Magazins veröffentlicht findet, freute er sich und denkt, das würde für seine gute Arbeit sprechen. Aber leider ist auch das in der Praktikumswelt nicht weiter ungewöhnlich: Rund 80 Prozent unter den Studierenden geben an, dass sie im Praktikum ohne Anleitung gearbeitet haben. Allerdings gibt gleichzeitig nahezu ein Viertel an, während des Praktikums nichts Relevantes dazugelernt zu haben.[28] PraktikantInnen werden in der Praxis mehr als billiger Ersatz für ordentliche Arbeitskräfte eingesetzt und nur selten wie echte Auszubildende behandelt. Oft ist nicht einmal ansatzweise ein Ausbildungscharakter erkennbar.

Manuel arbeitet in der ersten Woche immer nachmittags von 16 bis 20 Uhr. Weil in dieser Zeit kaum jemand in der Redaktion ist, wird er zunehmend unzufrieden, da er niemanden hat, dem er Fragen stellen kann. Er ist völlig auf sich allein gestellt. Er sucht erneut das Gespräch mit Herrn Kolm und auf seinen Wunsch hin sollen seine Arbeitszeiten ab der zweiten Woche denen seiner Kolleginnen und Kollegen angepasst werden. So lernt er in den kommenden Tagen und Wochen die Redaktion kennen und merkt erstmals, dass die unmittelbaren Kolleginnen und Kollegen bis auf Frau Hayek alle nicht angestellt sind, sondern PraktikantInnen. Insgesamt besteht die Redaktion aus neun Personen. Sechs davon, die RedakteurInnen, machen wie Manuel ein Praktikum. Zwei Kolleginnen sind in Teilzeit als Grafikerinnen für Layout und Webdesign beschäftigt, Gabriele Hajek ist als Chefredakteurin und Geschäftsführerin angestellt.

Die Versicherung von Herrn Kolm, wonach im Zuge des Relaunchs des Magazins alles „professionalisiert" werden solle und er nach dem dreimonatigen Praktikum sicher eine Anstellung erhalten würde, erscheint Manuel anfangs glaubhaft. Außerdem macht ihm die Arbeit Spaß und er denkt sich, dass er mit diesem raschen Einstieg in die Redaktionswelt viel Erfahrung würde gewinnen können, mit der er dann in ein, zwei Jahren als Journalist bei einer Zeitung arbeiten könnte. Auch die vielen Überstunden, mit denen er weit über die vereinbarten 38 Stunden Arbeitszeit pro Woche kommt, und die Arbeit am Wochenende und abends nimmt er für diese hoffungsvolle Erwartung in Kauf.

ALLEINGELASSEN UND AUF SICH SELBST GESTELLT

Sein Arbeitsalltag besteht aus vielen Terminen, er ist dauernd unterwegs und darf selbstständig zu Presseterminen in Wien, Niederösterreich und bis nach Eisenstadt fahren. Für die Fahrzeit wird er zwar nicht bezahlt, aber immerhin darf er das Firmenauto dafür verwenden, womit es halbwegs komfortabel ist. „Ich war überall, alles zu den Bereichen Technik, Kultur und Politik. Zum Beispiel bei einer Pressekonferenz von Sebastian Kurz, wo die serbische Außenministerin einen Vortrag gehalten hat vor Schülergruppen. Ich war bei der Präsentation der Kleiderkollektion für die damalige Miss Austria oder bei der Eröffnung des Speedo-Shops in der Therme Wien, bei einem Promi-Kochen in der Gruft, in Kooperation mit Knorr, und bei der Pressekonferenz zum neuen Holzhaus in der Seestadt", erzählt Manuel. „Zu Beginn war ich bei den Veranstaltungen immer mit den anderen PraktikantInnen, Herr Kolm und die Chefredakteurin waren da auch gelegentlich dabei. Nach zwei Monaten war ich aber nur mehr alleine bei den Terminen. Alles immer in Verbindung mit Fotos, ich habe also den Verlag dort vertreten und auch Fotos gemacht und dann die Artikel dazu verfasst."

> Er bekommt auch schnell eigene Visitenkarten und im Impressum des Printmagazins wird er nach kurzer Zeit sogar mit Foto als Redakteur angeführt. Manuel erinnert sich: „Nach außen hin wollte Herr Kolm den Schein wahren, dass er viele Angestellte hätte und nicht nur Praktikanten." Damals war er vor allem stolz und ging davon aus, dass ihm das später nützen und im Lebenslauf gut aussehen würde.

Wenn er nicht gerade unterwegs ist und Zeit in der Redaktion verbringt, ist seine Arbeitsaufgabe vor allem, am neuen Konzeptdesign für das Printmagazin zu arbeiten. Einmal in der Woche findet außerdem ein gemeinsames Meeting mit den beiden Layouterinnen und Herrn Kolm statt.

So vergehen die ersten drei Monate relativ rasch. Er wird viel gelobt, Herr Kolm ist mit ihm zufrieden und bietet ihm an, das Praktikum zu verlängern. Das will Manuel allerdings nicht, denn ihm war eine feste Anstellung nach drei Monaten versprochen worden und auf diese besteht er nun. Schließlich stimmt Herr Kolm zu und sie einigen sich zumindest auf eine Teilzeitanstellung für 20 Stunden pro Woche. In den kommenden Tagen verändert sich die Stimmung merklich. Herr Kolm ist nur selten in der Redaktion und die versprochene Unterzeichnung des Dienstvertrags wird immer wieder mit leeren Ankündigungen und Vertröstungen hinausgezögert. Als nach über zwei Wochen endlich ein Vertrag aufgesetzt wird, enthält dieser einige bedeutende Fehler. Die Kontodaten von Manuel sind falsch eingetragen und seine Adresse stimmt nicht. Also muss der Vertrag wieder zur Korrektur. „Es war eine Hinhaltetaktik, um Zeit zu schinden", beschreibt Manuel die Situation mit einem bitteren Lächeln auf den Lippen.

Als es nach vier langen Wochen zur Vertragsunterzeichnung kommt, heißt es, die Kopie des Vertrags würde ihm nach Hause zugestellt werden. Doch dazu kommt es nie. Vertraglich vereinbart waren 1.200 Euro brutto Entgelt für 20 Stunden pro Woche – laut Herrn Kolm wären das 900 Euro netto pro Monat für Manuel. Die bekommt er im folgenden Monat auch. Er hatte zwar um die 30 Stunden in der Woche gearbeitet, aber er will wegen der unbezahlten Überstunden nicht gleich wieder für Unruhe sorgen.

Nach seinem Dienstzettel erkundigt er sich jedoch schon. „Kein Problem, bekommst du natürlich, aber der Steuerberater ist gerade auf Urlaub", beschwichtigt ihn Herr Kolm. Den Dienstzettel, den er erst im folgenden Monat bekommt, versteht Manuel nicht. Er sieht merkwürdig aus, weder Abzüge für die Sozialversicherung noch eine Lohnsteuer sind aufgeführt. Wie sich der endgültige Betrag von exakt 900 Euro errechnet, ist für ihn überhaupt nicht nachvollziehbar. „Den Dienstzettel hatte Herr Kolm selbst gemacht", weiß Manuel heute und zeigt sich abgeklärt.

Und obwohl Manuel schon geahnt hat, dass hier etwas nicht mit rechten Dingen zugeht, widerfährt ihm dasselbe wie vielen PraktikantInnen. Obwohl ihre Bezahlung großteils unter den kollektivvertraglichen Mindestgehältern liegt, geben 69 Prozent der Studierenden an, mit einem regulären Kollektivvertrag beschäftigt zu sein. 18 Prozent arbeiteten gar auf Basis von Werkverträgen, freien Dienstverträgen oder auf Honorarbasis. Das sind Vertragsformen, die im Widerspruch zu einem Ausbildungsverhältnis stehen, da es sich um Zielschuldvereinbarungen oder klare Leistungsvereinbarungen handelt. 17 Prozent der Studierenden und 11 Prozent der SchülerInnen geben zudem an, dass sie nur eine mündliche Vereinbarung für ihr Praktikum abgeschlossen haben.[29] Mündliche Arbeitsverträge sind in Österreich zwar legal, jedoch bieten sie im Zweifelsfall kaum Einspruchsmöglichkeiten, da es nahezu unmöglich ist nachzuweisen, was tatsächlich vereinbart war.

UNVERSICHERT UNTER DRUCK

Im April erwischt es Manuel dann gesundheitlich, er fängt sich einen Infekt ein und muss zum Arzt. Es ist zum Glück nichts Gröberes, aber er hat hohes Fieber und befürchtet, ein Antibiotikum zu benötigen. Seinen Zweitjob als Billeteur hat er bereits fünf Wochen zuvor gekündigt, die letzten sechs Monate mit zwei Jobs und 50 bis 60 Stunden Arbeitszeit pro Woche stecken ihm trotzdem in den Knochen. Umso härter trifft es ihn, als ihm die Arzthelferin seine e-Card retourniert und fragt, ob er gleich bezahlen oder die Rechnung zugeschickt bekommen möchte. Schockiert wendet er sich an die Gebietskrankenkasse, die ihm die Auskunft erteilt, dass Herr Kolm ihn zwar angemeldet habe, aber nur geringfügig und ohne Beiträge für die Sozialversicherung abzuführen.

> Er gehört zu den 63 Prozent der Studierenden, die ein verpflichtendes Praktikum im Rahmen ihrer Ausbildung absolvieren und zu den 43 Prozent derer, die dies freiwillig tun und dabei nicht sozialversichert sind.

Pflichtpraktika sind deutlich seltener – um nicht zu sagen kaum – sozial abgesichert, nur 37 Prozent von ihnen werden zur Sozialversicherung gemeldet.[30] Dieser Missstand hat unmittelbar und langfristig schwerwiegende Konsequenzen. Nicht nur, dass sich junge Menschen in der gerade aktuellen Situation mit großer Angst vor Erkrankungen und Verunsicherung durchs Leben plagen müssen, sie können auch keine Beiträge für eine Arbeitslosen- und Pensionsversicherung leisten.

Manuel kann es zunächst gar nicht glauben. Er verdient doch 900 Euro monatlich, das ist deutlich über der Geringfügigkeitsgrenze, er könne doch gar nicht unversichert sein. Noch am selben Tag konfrontiert er Herrn Kolm. „Das ist ein Fehler der Gebietskrankenkasse, darum kümmere ich mich gleich", antwortet ihm dieser abweisend. Doch Manuel glaubt ihm kein Wort mehr. Nach Rücksprache mit seiner Freundin und seinen Eltern beschließt er zu kündigen. Jetzt reichte es ihm. Persönlich übergibt er die schriftliche Kündigung und lässt es sich nicht nehmen, seinem Chef auszurichten, dass er weiß, dass er belogen wurde.

Sein Gegenüber reagiert sichtlich wütend. Herr Kolm verlangt, dass Manuel eine Erklärung unterschreibt, in der er auf alle weiteren Gehalts-, Rechts- und Urlaubsansprüche verzichtet, sonst würde er ihm die restlichen 900 Euro nicht bezahlen, die er ihm noch schuldig war. Zu allem Überfluss zieht er die Verzichtserklärung, die er tatsächlich schon vorbereitet hatte, auch noch lachend aus seiner Schreibtischlade. Ganz offensichtlich hat er bereits einige Erfahrung mit solchen Fällen und verfolgt eine Systematik. Manuel hingegen ist so überrumpelt und besorgt, um sein Geld umzufallen, dass er den Verzicht unterzeichnet. „Ich habe unterzeichnet, weil ich damals nicht einmal wusste, wie ich sonst meine Miete bezahlen soll", erklärt er aufgeregt.

VOR GERICHT
Manuel wendet sich an die Gewerkschaft, deren Mitglied er seit vielen Jahren ist. Er will das nicht so auf sich sitzen lassen. Es könne doch nicht rechtens sein, wie Herr Kolm mit ihm umgegangen war und in Dauerschleife junge, unerfahrene Leute ausnutzte – und damit hat er recht.

Ein Praktikum ist ein Ausbildungsverhältnis. Die Grundidee dahinter ist, dass junge Menschen im Rahmen von Ausbildung und Studium einen wertvollen Einblick und erste berufliche Erfahrungen sammeln können. So findet sich „das Praktikum" auch nicht im Arbeitsrecht, sondern im Schul- und Hochschulgesetz wieder. Im Praktikum sollen keine niederen Hilfstätigkeiten verrichtet werden und PraktikantInnen sind auch kein Ersatz für reguläre Arbeitskräfte. Doch in der Praxis steckt hinter „Praktikum" so gut wie alles, was sich ArbeitgeberInnen einfallen lassen können: un- und unterbezahlte Arbeitsverhältnisse, die über zwei

Jahre dauern, mit voller Integration in den Betrieb, eigenem Aufgabengebiet und Verantwortungsbereich. Selbst Praktika in Form von Projektleitung sind in manchen Unternehmen Usus und für ganz Skrupellose inzwischen ein Geschäftsmodell.

> Das Arbeitsrecht kennt kein „Praktikum", sondern nur das „Volontariat". Jedes „freiwillig" absolvierte Praktikum, das außerhalb der Ausbildung gemacht wird, ist rein rechtlich ein normales befristetes Arbeitsverhältnis und auch sozialversicherungsrechtlich so zu behandeln und zu entlohnen.

Was ein versicherungspflichtiges Arbeitsverhältnis ist, ist klar im Allgemeinen Sozialversicherungsgesetz definiert. Unabhängig von der Vertragsform oder ursprünglichen Vereinbarungen zählt bei der Bewertung, was und wie tatsächlich gearbeitet worden ist.

Manuel kann sich wehren. Der Verzicht, den er unterzeichnet hat, ist sittenwidrig, weil er unter Druck entstanden ist. Er hat außerdem die Möglichkeit, seine Zeit im Verlag durch die Gebietskrankenkasse auf ihre Rechtmäßigkeit prüfen zu lassen. Der zuständige Beitragsprüfer der Wiener Gebietskrankenkasse kommt zu einem gemeinsamen Termin in die Gewerkschaft der Privatangestellten und fertigt eine Niederschrift über Manuels Erzählungen an. Manuels Visitenkarten, seine Nennung im Impressum des Magazins, die Beschreibung seiner Arbeitszeiten und Tätigkeiten sprechen Bände. Es handelt sich eindeutig um ein Arbeitsverhältnis, für das der Kollektivvertrag für Journalismus Gültigkeit besitzt. Nach der gewissenhaften Überprüfung wird Manuel wenige Wochen später rückwirkend durch die Gebietskrankenkasse angestellt, die nun auch die fehlenden Sozialversicherungsbeiträge von Herrn Kolm nachfordert.

Manuel hätte nach Kollektivvertrag auch ein wesentlich höheres Gehalt zugestanden – das fordert er jetzt mit dem Rechtsbeistand der Gewerkschaft nach. Da Herr Kolm nicht freiwillig einlenkt, wird Klage beim Arbeits- und Sozialgericht eingebracht. Insgesamt zieht sich der Prozess über neun Monate. Manuel nimmt nicht an allen Verhandlungen teil, Herr Kolm schickt ausschließlich seinen Anwalt. Erst werden Manuel für die letzten sechs Monate rund 10.000 Euro Gehaltsnachzahlungen zugesprochen, dann noch weitere rund 5.000 Euro für die ersten drei Monate im Verlag, in denen er als Praktikant arbeitete.

Auf die Frage hin, ob Manuel wieder so vorgehen würde und wie es ihm mit diesem Urteil geht, findet er klare Worte: „Ich würde es auf jeden Fall wieder so machen und das nicht auf mir sitzen lassen. Das will ich auch allen anderen empfehlen! Herr Kolm ist clever. Er nutzt die Schwächen von Praktikanten vorsätzlich aus. Er hat das mit System gemacht, das war quasi immer, bei all seinen Praktikanten so.

> Wenn man bedenkt, wie lange er das gemacht hat und mit wie vielen Personen und Gleichgültigkeit, was so einen Betrug anbelangt. Ich bin finde es wichtig, dass er dafür zur Rechenschaft gezogen wurde."

DIE KONSEQUENZEN

Die Geschichte von Manuel ist exemplarisch für Tausende PraktikantInnen, die ausgebeutet und betrogen werden. Jährlich ergibt sich durch un- und unterbezahlte Praktika für junge Arbeitende ein Verdienstausfall von circa 174 Millionen Euro – und das nur unter der Annahme, dass sie nach kollektivvertraglichen Mindestgehältern entlohnt werden würden. Und es mangelt nicht nur an der Bezahlung, auch circa 69 Millionen an Sozialversicherungsbeiträgen werden ihnen jährlich vorenthalten.[31] Umso wichtiger ist es, dass junge Arbeitende wie Manuel ihre Rechte durchsetzen und sich nicht alles gefallen lassen. Durch skrupellose Methoden wie die von Herrn Kolm wird Beschäftigten gleich zu Beginn ihres Berufslebens eingeimpft, dass ihre Arbeit keinen Wert hat. Sie lernen, dass sie am besten kuschen, auf ihre Rechte verzichten und im Wettbewerb die Ellbogen auspacken. Solche Praktika vernichten Arbeitsplätze und vergiften das Arbeitsklima für alle. Sie lassen auch die Kolleginnen und Kollegen der PraktikantInnen nicht kalt, sie führen zu Spaltungen zwischen Beschäftigten, zu Entsolidarisierung und schwächen die Situation aller Arbeitenden. Junge werden gegeneinander ausgespielt, Ältere müssen Angst haben, durch jüngere, billigere und „willigere" Arbeitskräfte ersetzt zu werden. Wer beim Spiel um den nächsten Einsatz nicht mitgehen kann, fliegt raus.

> Die Empirie zeigt: Praktika wirken sozial selektiv, verstärken soziale Ungleichheiten und fördern Elitarismus.

Wenn fünf PraktikantInnen gegeneinander antreten, dann gewinnt, wer „das größte Engagement mitbringt". Und das ist derjenige, der nicht nach acht, sondern erst nach zwölf Stunden nach Hause geht, „Hands-on-Mentalität" beweist, also jede Arbeit macht, auch die, die mit dem Aufgabengebiet nicht einmal mehr am Rande zu tun hat, und sich bis zu Gänze verausgaben kann.

So überrascht es auch nicht, dass Studierende aus finanziell gut situierten Familien häufiger Praktikumserfahrungen im Laufe ihres Studiums sammeln können. Für sie ist es ungleich einfacher, sie können sich die unbezahlte oder unterbezahlte Arbeit im Praktikum leisten. Über ein Drittel (genau 35 Prozent) der Studierenden aus hoher sozialer Schicht absolvieren „freiwillige" Praktika, die nicht zwingend in ihren Studienplänen vorgeschrieben sind. Aber nicht einmal ein Viertel, nämlich 23 Prozent, der Studierenden mit einkommensschwächerem Familienhintergrund macht ein solches Praktikum. Dieser Unterschied zieht sich durch alle Studienjahre und Altersgruppen durch[32] und hat erhebliche Konsequenzen. Denn ohne vorhergehende Praktikumserfahrung wird es immer schwieriger, einen Arbeitsplatz zu finden. ArbeitgeberInnen fordern, dass ihre jungen BewerberInnen die Berufserfahrung bereits mitbringen. In stark nachgefragten, prestigeträchtigen und beliebten Berufen ist Praktikumserfahrung Pflicht und ansonsten eine Anstellung, wenn auch nur befristet, vollkommen aussichtslos.

Wer bis Ende zwanzig studiert, dann noch in der Praktikaschleife festhängt und erstmal „frei" beschäftigt oder befristet angestellt wird, verliert nicht nur die Sicherheit, die es braucht, um das eigene Leben zu planen oder sich eine Wohnung zu mieten. Es fehlen auch Versicherungszeiten aus diesen Jahren in der Pension, wodurch Altersarmut für die Generation Praktikum ein erhebliches Risiko darstellt.

> Wer sich die Krankenversicherung jetzt schon selbst finanzieren muss und von einer Arbeitslosenversicherung nur träumen kann, verliert neben Hoffnung und Perspektive auch den Glauben an den Sozialstaat.

WEITERE HINTERGRÜNDE

(Uni Wien, Tracking 2003–2008)

87% DER HOCHSCHUL-ABSOLVENTiNNEN SIND ERST nach 3 Jahren IN REGULÄREN unbefristeten ARBEITSVERHÄLTNISSEN.

(BMWF ARUFA, Studie 2010)

24% ALLER HOCHSCHUL-ABSOLVENTiNNEN SIND AUCH NOCH nach 5 Jahren befristet BESCHÄFTIGT.

(BMWFJ, 10. Welle Jugendmonitor 2013)

58% DER STUDIERENDEN SEHEN IN DER SCHLECHTEN ODER NICHT VORHANDENEN Bezahlung von Praktika einen Grund, KEINE PRAKTIKA ZU ABSOLVIEREN.

(BMWFJ, 10. Welle Jugendmonitor 2013)

ZUMINDEST **30%** DER FÜR DEN JUGENDMONITOR BEFRAGTEN JUGENDLICHEN SAGEN, SIE KÖNNTEN ES SICH finanziell nicht leisten, ein Praktikum zu absolvieren.

(FORBA, Praktika-Studie 2011)

VON **41** erhobenen Praktika VON STUDIERENDEN KLASSIFIZIERT DIE FORSCHUNGS- UND BERATUNGSSTELLE ARBEITSWELT (FORBA) **39** als Arbeitsverhältnis.

(IHS, Studierenden-Sozialerhebung 2011)

WÄHREND FAST DIE HÄLFTE **47%** DER STUDIERENDEN aus hoher Schicht BISHER mindestens EIN Praktikum ABSOLVIERT HABEN, SIND ES UNTER DEN STUDIERENDEN aus niedriger Schicht ETWA EIN 1/4 WENIGER. **38%**

(BMWFJ, 10. Welle Jugendmonitor 2013)

UNTER DEN **18- bis 24-Jährigen** HABEN SCHON **2/3** EIN PRAKTIKUM HINTER SICH.

UNTER DEN **14- bis 18-Jährigen** SIND ES **3 von 10** (34 %), DENN SOWOHL IN BERUFSSCHULEN ALS AUCH IN HANDELSSCHULEN SIND PFLICHTPRAKTIKA VORGESCHRIEBEN.

2. Kapitel
Ausgeliehen und ausgebeutet

Claudia und Isko, ausgeliehen und ausgebeutet: krank und zum Leben am Minimum verdammt

Claudia und Isko leben mit ihren drei Kindern in einer bescheidenen Dachgeschosswohnung in St. Pölten. Es ist eine Sozialwohnung, die ihnen vom Niederösterreichischen „Verein Wohnen" vermietet wird. Inzwischen leben sie dort schon seit fünf Jahren, seit 2013, als das Reihenhaus, in dem sie zuvor zur Miete gewohnt haben, abgebrannt ist. „Es ist abgebrannt bis auf die Ziegelmauern, deswegen musste es damals sehr schnell gehen", erzählt Claudia. Nach dem Brand kamen sie eine Woche bei Bekannten unter, dann folgte auch schon der Einzug in die kleine Wohnung unterm Dach mit den schrägen Wänden. Zu übersiedeln hatten sie nichts mehr, ihr gesamter Besitz, alles was sie hatten, war in Flammen aufgegangen. Zum Glück hatte Claudia auch Unterstützung von einer guten Freundin, die bei ihren Kolleginnen und Kollegen Geld für sie und ihre Familie gesammelt hatte. Trotzdem war ihr letzter Notgroschen, alles was sich die beiden zuvor mühsam angespart hatten, mit diesem Schicksalsschlag dahin.

Früher ging es ihnen gut, erzählt Claudia. Isko hat in einem sehr guten Lehrbetrieb den Betriebsschlosser gelernt und so gut wie jeden Schein erworben, den ein Schweißer auch für komplexe und anspruchsvolle Arbeiten braucht. Vor 15 Jahren hat Isko als Leiharbeiter begonnen, weil die Bezahlung so gut war. Rund 4.500 Euro brutto pro Monat betrug sein damaliges Gehalt bei „Workers", einer Personalvermittlungsfirma, die in Simmering angesiedelt war. Dafür nahm er auch in Kauf, dass er nie lange im gleichen Betrieb oder Ort beschäftigt war. Das Spektrum reichte von zwei, drei Tagen, in denen er einsprang, um dringende Arbeiten fertigzustellen, bis zu neun Wochen bei größeren Bauprojekten, ganz so, wie es den klassischen Arbeitsbedingungen von LeiharbeiterInnen entspricht. So beträgt die durchschnittliche Überlassungsdauer von LeiharbeiterInnen nur 69 Tage, das statistische Mittel beläuft sich gar nur auf neun Tage, denn der weitaus größte Teil der Einsätze ist von kurzer Dauer. Deswegen wechseln LeiharbeiterInnen in der Regel auch 2,7-mal pro Jahr ihren Arbeitsplatz.[33]

Isko wurde in dieser Zeit als Anlagentechniker beispielsweise bei Borealis und der VÖEST eingesetzt, wo er sich um die Instandhaltung der Maschinen kümmerte. Er war aber auch drei Monate im Iran, wo er für die Voith die Blätter für die Wasserturbine eines Staudamms geschweißt hat. Beim Bau des Schweizer Eurotunnels war er für die Blätter der Luftturbinen der Tunnellüftung zuständig und in einem Atomkraftwerk war er im Rahmen der Überprüfung der Anlage tätig. Durch und durch lukrative Jobs – vor allem für die Überlassungsfirmen, die ihn teuer vermittelt hatten, aber auch für ihn. Das musste auch so sein, denn anders hätte er den Entgeltverlust zwischen den Überlassungseinsätzen nicht verkraftet. Schließlich wurde er immer nur für den Zeitraum bezahlt, in dem er Arbeit hatte. All die Personalleasingfirmen, in denen er über die vielen Jahre tätig war, haben ihn nach spätestens 14 Tagen ohne Job einfach abgemeldet.

In diesen „Leerzeiten" oder „Wartephasen" müssten Arbeitskräfteüberlasser ihre Beschäftigten eigentlich laut gültigem Kollektivvertrag weiterbezahlen. Tun sie aber nicht, stattdessen landen die Beschäftigten so wie Isko beim AMS, wo sie um Arbeitslosengeld ansuchen müssen.

> Deswegen sind LeiharbeiterInnen auch viel öfter von Arbeitslosigkeit betroffen als alle anderen Beschäftigten. Die durchschnittliche Beschäftigungsdauer bei Personalleasingfirmen liegt nur bei rund 200 Tagen und ist sogar noch kürzer als die übliche Dauer der Dienstverhältnisse in Saisonbetrieben.[34]

Diese „temporären Layoffs", das Kündigen von Beschäftigten in auftragsschwachen Zeiten, um sie anschließend bei verbesserter Auftragslage im gleichen Jahr wieder einzustellen, sind vor allem auch bei Zeitarbeitskräften eine weitverbreitete Praxis. Ihr Anteil an allen neu begonnenen Arbeitsverhältnissen stieg von 35,8 Prozent im Jahr 2000 auf 42,9 Prozent im Jahr 2015.[35] Das Arbeitslosengeld beträgt aber nur 60 Prozent des vorherigen Gehalts und die Grundlöhne von LeiharbeiterInnen sind niedrig. Deswegen hat Isko, während er Arbeit hatte, für die Phasen ohne Job gespart. Doch heute funktioniert das nicht mehr.

„Vor acht Jahren sind dann die Löhne eingebrochen. Seit fünf Jahren ist es unmöglich, eine Überzahlung zu bekommen, es wird nur noch der Mindestlohn bezahlt und kein Cent mehr", berichtet Isko verzagt. Heute liegt sein Grundgehalt für 164 Arbeitsstunden bei exakt 1.372 Euro brutto pro Monat.

> Zwar bekommt die Leasingfirma, für die er seit nun vier Jahren bei Bau und Reparaturen von Schnellbooten tätig ist, für seine Arbeit je nach Vermittlung zwischen 32 und 40 Euro pro Stunde, allerdings erhält Isko davon nur 14 Euro.

Isko hat mit seiner Einschätzung recht, wenn er die Lage von vor zehn Jahren als eine andere beurteilt als die heutige, denn gerade Leiharbeit reagiert äußerst empfindlich auf wirtschaftliche Veränderungen und ist durch starke Schwankungen geprägt. Das zeigt sich nicht nur an der Bezahlung, sondern auch an der Zahl der LeiharbeiterInnen. Während der ersten Ausprägungen der Finanzkrise 2008 kam es zu einem rasanten Anstieg, nach 2012 gab es einen leichten Rückgang und seit 2016 nimmt ihre Anzahl wieder zu.[36] Aktuell gibt es in Österreich 76.000 Zeitarbeitskräfte wie Isko, das sind 2,25 Prozent aller Beschäftigten. Das mag sich unbedeutend anhören, handelt es sich bei Zeitarbeitskräften doch um die kleinste Gruppe der „atypisch" Beschäftigten. Doch im Jänner 2017 waren wieder 9,8 Prozent mehr Personen auf diese

Art beschäftigt als noch ein Jahr zuvor. Das entspricht 6.746 zusätzlichen ZeitarbeiterInnen.[37] Verglichen mit dem Jahr 2000 bedeutet das gar einen Anstieg um mehr als 45.000 Personen oder 150 Prozent.[38]

KNOCHENHARTE SCHICHTARBEIT

So wie die meisten der klassischen LeiharbeiterInnen, ist auch Isko ein Schichtarbeiter in einem Industriebetrieb. Von Montag bis Freitag arbeitet er jeweils von 12.30 bis 22 Uhr abends. Bis er zu Hause ist, ist es bei gutem Verkehr und ohne Überstunden 23 Uhr. Seine Kinder schlafen dann schon, er sieht sie nur morgens und am Wochenende. Trotzdem ist die ganze Familie froh, wenn er Arbeit hat. Denn auch die Kinder leiden unter den Perioden der Arbeitslosigkeit, die alle drei bis vier Monate und fast immer in den Monaten zwischen Dezember und April vorkommen. Sie bemerken die Angst ihrer Eltern, die Zurückhaltung beim Einkaufen und sehen wie viel entspannter ihr Vater ist, wenn er einen Job hat. Obwohl es eine schwere und körperlich anstrengende Arbeit ist: Das Schweißen belastet die Augen sehr stark, das ständige Knien und das Tragen und Halten der riesigen, schweren Metallplatten geht ihm buchstäblich auf die Knochen. Immer wieder hat er Verbrennungen auf der Haut, wenn er vergisst, sein Halstuch beim Schweißen anzulegen. Im letzten Jahr war es im November so kalt, dass es geschneit hat, trotzdem musste er den ganzen Tag im Freien arbeiten. Schon mit vierzig Jahren macht sich Isko deswegen auch Sorgen darüber, wie er lange er es wohl noch schaffen wird, so zu arbeiten. Für SchweißerInnen müssen aufgrund dieser altbekannten und massiven Belastungen für den Körper auch schwer verdiente Entschädigungszulagen bezahlt werden. Mit der Zulage für die Nacht- und Schichtarbeit, der Schmutz-, Erschwernis- und Gefahrenzulage, Überstunden und dem Kilometergeld für die 150 Kilometer, die er derzeit täglich an Arbeitsweg zurücklegen muss, schafft es in guten Monaten auf bis zu 2.700 Euro brutto. In schlechten Monaten jedoch, wie beispielsweise um die

Weihnachtszeit, wenn der Betriebsurlaub stattfindet und er zwei Wochen nicht arbeiten kann, verdient er nur 1.750 Euro brutto, weil die Zulagen für diese zwei Wochen komplett wegfallen. Zeitarbeitskräfte haben auch deswegen mit Gehaltsschwankungen zu kämpfen, weil für sie während der Zeit, in der sie in einen Betrieb überlassen werden, das meist höhere Mindestgehalt des Kollektivvertrags von diesem Betrieb gilt. Aber wenn sie gerade nicht überlassen werden, dann müssen sie nach dem Kollektivvertrag für Arbeitskräfteüberlasser oder im Falle von Leihangestellten laut Kollektivvertrag „Allgemeines Gewerbe" bezahlt werden. Hin und wieder fallen auch Montagedienste an. Für einen Monat Aufenthalt im Ausland erhält er dann circa 500 Euro mehr, allerdings bleibt davon in den meisten Fällen nichts übrig, weil die zusätzlichen Wohnkosten den Aufschlag wegfressen.

> Bis zu 15 Stunden pro Tag arbeiten seine Kollegen und er, wenn sie auf Montage sind, nur damit sie so schnell wie möglich fertig und eher wieder zu Hause bei ihren Familien sind.

Mit seinem kleinen Gehalt müssen sie derzeit zu fünft durchkommen, weil Claudia trotz über 400 Bewerbungen seit vier Jahren keine Stelle mehr findet. Auch für sie war es früher um einiges leichter. Als Isko und sie sich kennenlernten, war sie noch Vollzeit als Sekretärin in einer PR- und Grafikagentur angestellt, auch ihr ging es gut. Als sie jedoch wegen der Geburten ihrer ersten beiden Kinder in eine viereinhalbjährige Babypause gehen musste, auch weil Isko ständig im Ausland auf Montage war, veränderte sich das schlagartig. Seit sie Mutter ist, arbeitet Claudia ausschließlich phasenweise und unter prekären Verhältnissen.

> „Mit jedem Jahr wurde es kritischer, seit dem dritten Kind regnet es nur noch Jobabsagen. Eine 46-jährige Mutter von drei Kindern will niemand mehr einstellen, zwei Drittel meiner Bewerbungen werden nicht einmal mehr beantwortet", erzählt sie.

Bei ihren seltenen Vorstellungsgesprächen wird sie jedes Mal gefragt, wie es mit der Betreuung ihrer Kinder aussehe, ob es eh Großeltern gäbe, die aufpassen könnten und ob Claudia flexibel genug sei, um auch einmal einzuspringen oder Überstunden zu machen. Aber die Großeltern sind in der Steiermark und in Linz beheimatet und Isko arbeitet im Schichtdienst – ehrliche Antworten, die ArbeitgeberInnen nicht gerne hören. Spätestens bei dieser Frage war sie bisher aus dem Rennen und konnte die Stelle vergessen.

Ihr letzter Job vor der Arbeitslosigkeit war in einer Tankstelle mit einem großen Shop. Neun Monate lang war sie dort für 15 Stunden pro Woche angestellt. Aber weil dort alle drei, vier Monate die Beschäftigten wieder vor die Tür gesetzt wurden, blieb es nicht dabei. Eine ihrer Kolleginnen wurde vom Chef systematisch gemobbt, weil „eine Schwangere ja unmöglich auf einer Tankstelle arbeiten kann", wie er immer wieder sagte, bis sie nicht mehr zur Arbeit kam. Die vereinbarte und bezahlte Dienstzeit war von 18 bis 24 Uhr, um Mitternacht sperrte die Tankstelle aber erst zu und dann konnte überhaupt erst mit dem Kassaabschluss und dem Putzen begonnen werden. Bis sie also wirklich ihre Arbeit beendet hatte, war es 1.30 Uhr, zu Hause war sie nie vor 2 Uhr nachts. Das hätte sie aber nicht dazu bewogen aufzuhören, das Problem war vielmehr, dass aus den vereinbarten drei Diensten pro Woche fünf wurden und sie auch regelmäßig am Wochenende arbeiten musste. Ihre Kinder litten sehr darunter, dass sie ihre Mutter kaum mehr sahen, und bauten zunehmend in der Schule ab. Claudia begann sich Sorgen zu machen. Als ihr dann auch Diebstähle vom Lohn abgezogen und ihr dieser immer wieder um Monate zu spät überwiesen wurde, warf sie schließlich das Handtuch. Auch mit den Jobs, die sie zuvor ausgeübt hatte, hatte sie wenig Glück: Etwa bei der Fast-Food-Kette, wo sie für 20 Stunden pro Woche im Verkauf angemeldet war, aber sich ihre tatsächliche Arbeitszeit eher auf 30 Stunden belief und am Wochenende, wenn das Fast-Food-Lokal bis 3 Uhr morgens geöffnet hatte, die Überstunden dafür vom Filialleiter regelmäßig einfach gestrichen wurden. Schlecht erging es ihr auch bei dem Teilzeit-Bürojob, bei dem ihr nach unregelmäßigen und verspäteten Zahlungen die letzten drei Monate ihres Gehalts vor ihrer Kündigung gar nicht mehr ausbezahlt wurden.

JEDER BISSEN MUSS VOM MUND ABGESPART WERDEN

Das Paar in den Vierzigern kommt trotz geförderter Wohnung und Einkäufen im Sozialsupermarkt nicht mehr allein über die Runden. Würden ihre Eltern nicht regelmäßig aushelfen, könnten sie ihre Rechnungen nicht bezahlen.

> Egal wie sparsam sie leben, nachrechnen, es drehen und wenden, es geht sich einfach nicht aus. Ihr Geld reicht nicht aus, um bis zum Ende des Monats durchzukommen.

Claudia fühlt sich oft vollkommen überwältigt. Nachdem sie vor ein paar Tagen morgens auf ihren Kontostand gesehen hatte, konnte sie nicht mehr. Ihr kamen die Tränen. Weil sie vor ihren Kindern nicht weinen wollte und aus Sorge, sie würden ihre Angst bemerken, setzte sie sich zum Weinen ins kalte Stiegenhaus vor die Wohnungstüre. Auch Isko setzt ihre finanzielle Not ordentlich zu. „Zu all der Angst, Unsicherheit und dem Stress kommt dann noch das Gefühl des Versagens", erzählt Claudia. „Dass man es nicht schafft, genug zu verdienen, das vernichtet einen innerlich so richtig. Ein ewiger Kreislauf."

Einer der schwerwiegendsten Gründe, warum ihre finanzielle Situation so extrem angespannt ist, ist die Schulbildung ihrer Kinder, auf die sie trotz der Kosten hohen Wert legen, auch wenn sie die Aufwendungen für die Schule oft an den Rand der Verzweiflung bringen. Ihr 16-jähriger Sohn und seine 13-jährige Schwester gehen bereits aufs Gymnasium, die jüngste Tochter ist erst acht Jahre alt und besucht noch die Volksschule. Obwohl es sich um ganz normale öffentliche Schulen handelt, entstehen für ihre drei Kinder rund 100 bis 150 Euro Extra-Ausgaben pro Monat für Schulbedarf. Sei es durch die Leselisten, die jährlich je 200 Euro bei den beiden Älteren ausmachen, weil es die Bücher nie in der unterfinanzierten Schulbibliothek gibt, Theater- und Kinobesuche mit der Schulklasse, die wahnsinnig umfangreiche Liste am Schulanfang, 500 Euro für den Schulskikurs der Tochter oder 1.000 Euro für die Sprachreise des Sohnes. All das kostet Geld, das sie eigentlich nicht haben, aber weil ihre Kinder durch ihre Armut ohnehin schon auf so vieles verzichten müssen, wollen Claudia und Isko ihnen das nicht auch noch nehmen, betonen sie traurig.

Dass die beiden überhaupt über die Runden kommen, grenzt an ein Wunder und ist jeden Monat eine große kalkulatorische Leistung. Die 890 Euro Kaltmiete für ihre im Winter viel zu kalte und im Sommer 42 Grad heiße, kleine Sozialwohnung unter dem Dach bezahlen sie mit der Familienbeihilfe für die Kinder. Von dem kleinen Lohn von Isko müssen die Energiekosten von circa 250 Euro, das Geld für den Schulbedarf, die rund 400 Euro Benzingeld für Fahrtkosten zur Arbeit, knapp 100 Euro für Internet und Wertkartenhandys der Kinder, circa 300 Euro für Lebensmittel, 25 Euro für die Autoversicherung und, und, und gedeckt werden. Rechnungen für medizinische Behandlungen, die sie vorfinanzieren müssen, Zahnarztrechnungen und Medikamente reißen oft ein tiefes Loch ins Budget, weil dafür einfach kein Geld mehr da ist. Letzten Monat musste Claudia operiert werden, weil sie eine Kieferknochenentzündung hatte. Sie weiß nicht, wo sie das Geld für die Rechnung hernehmen soll und hat schlaflose Nächte voller Sorgen. Sparen, sich etwas aufbauen ist unmöglich, sie müssen ständig zittern und unerwartete Kosten fürchten. Auch der Verlust ihrer Sozialwohnung schwebt wie ein Damoklesschwert über ihnen. Denn eigentlich wurde ihnen diese nach dem Brand nur als Übergangslösung bereitgestellt, bis sich ihre finanzielle Lage wieder stabilisiert hat – bis zum Ende des Jahres sollen sie ausziehen.

Claudia fürchtet eine düstere Zukunft für sich und ihre Familie. Besonders große Angst machen ihr die Änderungspläne für die Arbeitslosenversicherung und die Abschaffung der Notstandshilfe durch die schwarz-blaue Regierung:

> „Sollten wir zukünftig in der Mindestsicherung landen, wenn mein Mann wieder arbeitslos ist, dann können wir uns die Kugel geben", sagt sie.

Statt 95 Prozent des Arbeitslosengeldes würden sie dann nach sechs Monaten nur noch die viel niedrigere Mindestsicherung erhalten. Diese traurige Einschätzung teilt sie mit ihrem gesamten Umfeld, denn kaum jemand in ihrem Freundes- und Bekanntenkreis lebt in sicheren Verhältnissen. Selbst diejenigen, die studiert haben, arbeiten unter prekären Bedingungen und hangeln sich von einem Job zum nächsten. Sie kennt nur zwei Menschen, denen es nicht so geht, erzählt sie. Der eine ist Hausarzt und hat die Praxis von seinem Vater übernommen, der andere hat es ins Innenministerium geschafft und hat dort eine sichere Stelle in der Verwaltung. Aber selbst der berichte davon, dass seine pensionierten Kolleginnen und Kollegen nicht mehr nachbesetzt würden und stattdessen Personal von Trenkwalder[39] zugekauft werde, weil im öffentlichen Dienst ein Aufnahmestopp als Sparmaßnahme in der Verwaltung verhängt wurde.

> Das spart zwar keine Kosten, weil ausgeliehenes Personal aufgrund der Zuschläge für die Vermittlungsagenturen sogar kostenintensiver ist als eigenes Personal, allerdings laufen Leihangestellte und LeiharbeiterInnen im Budget nicht als Personalaufwand, sondern als Sachaufwand. Es schönt also die Statistik, ist aber in Wirklichkeit sogar teurer.

Dabei handelt es sich um eine Praxis zulasten der Beschäftigten, die zu einem weiteren Anstieg von Leiharbeit und prekären Arbeitsbedingungen führt. Zwar sind 75 Prozent der überlassenen Arbeitskräfte immer noch als ArbeiterInnen in der Industrie, im Gewerbe und im Baubereich tätig, wie Isko, aber sowohl bei Angestellten als auch bei Frauen insgesamt gibt es seit der Finanzkrise eine steigende Tendenz zur Leiharbeit. Eine Ursache, warum sich die Zahl der weiblichen Leiharbeitskräfte während der Finanzkrise fast nicht verringerte, obwohl rund 20 Prozent der männlichen Leiharbeitskräfte ihren Job verloren, liegt darin, dass Frauen meist in anderen Bereichen, wie der Verwaltung oder dem öffentlichen Dienst, eingesetzt werden. Ab 2010 wuchs die Zahl der überlassenen weiblichen Arbeitskräfte weiter, jene der Männer jedoch noch stärker. Inzwischen stellen Frauen rund ein Viertel der Leiharbeitskräfte in Österreich.[40]

Ab Februar wird Claudia wieder einen Kurs des Berufsinformationszentrums besuchen, der ihr Zuversicht gibt. Sie wird währenddessen außerdem zumindest eine „DLU" erhalten, eine „Beihilfe zur Deckung des Lebensunterhalts" vom AMS über circa 300 Euro. Aber vor allem will Claudia unbedingt wieder arbeiten – egal was, nur vereinbar mit ihren Kindern soll es sein. Sie würde auch gerne als Pflegerin arbeiten, aber die Ausbildung dafür kann sie sich nicht leisten und vom AMS gibt es für diese keine Förderung, zumindest nicht für sie. Dabei wäre Claudia ideal geeignet, denn sie ist ein besonders hilfsbereiter und selbstloser Mensch. Für andere da zu sein macht ihr Freude, Nachbarschaftshilfe ist für sie eine Selbstverständlichkeit. Viele in ihrem Sozialbau hat es noch viel härter getroffen als ihre Familie, die Hälfte der BewohnerInnen muss von der Mindestsicherung leben. Claudia unterstützt einige von ihnen immer wieder bei Behördengängen oder hilft ihnen beim Einkaufen. Nur eines versteht sie nicht und es bereitet ihr immer wieder Kopfzerbrechen: Niemand in ihrer Nachbarschaft oder in ihrem Umfeld will sich als „arm" bezeichnet wissen, die meisten meinen, sie wären Teil der Mittelschicht. Selbst die, denen es richtig schlecht geht, versuchen ihre existenzbedrohliche Lage zu verstecken und tun alles dafür, um ja nicht aufzufallen.

> Immer unauffällig sein und nur nie irgendwo anecken scheint ihre gemeinsame Devise zu sein. Sie schämen sich für ihre prekäre Lage und für ihre Armut, es ist ihnen peinlich, dass sie so schlecht verdienen oder keine Arbeit finden.

Claudia möchte das nicht. Sie weiß, dass ihr Mann und sie nichts falsch gemacht haben, dass die Schuld für ihre Armut nicht bei ihnen liegt. Trotzdem oder gerade deswegen gibt sie die Hoffnung nicht auf und wird weiterkämpfen, nicht nur für sich, sondern auch für ihre Familie – jeden Tag und immer wieder aufs Neue.

WEITERE HINTERGRÜNDE

76.592
ARBEITSKRÄFTE WURDEN 2017 IM DURCHSCHNITT ÜBERLASSEN

♂ 60.005   ♀ 16.587

UM **8,1%** HAT DIE ZAHL DER ÜBERLASSENEN ARBEITSKRÄFTE VON 2016 BIS 2017 ZUGENOMMEN. DAS ENTSPRICHT EINEM VON **+5.734** PERSONEN.

1.801 WAR DIE ANZAHL DER PERSONALDIENSTLEISTUNGSUNTERNEHMEN, DER „Gewerblichen Arbeitskräfteüberlasser", LAUT ZENTRALEM GEWERBEREGISTER 2017.

79% DER ÜBERLASSENEN ARBEITSKRÄFTE WURDEN ALS ARBEITERiNNEN BESCHÄFTIGT UND **78%** waren männlich.

(Sozialministerium, Statistik Arbeitskräfteüberlassung, Übersichtstabelle 2017)

(Sozialministerium, Statistik Arbeitskräfteüberlassung 2017)

(Sozialministerium, Statistik Arbeitskräfteüberlassung 2017)

56 Tage WURDEN DIE LEIHARBEITSKRÄFTE DURCHSCHNITTLICH ÜBERLASSEN.

72% DER INSGESAMT **409.016** ABGESCHLOSSENEN ÜBERLASSUNGSEPISODEN 2017 LAGEN unter 1 Monat.

182 Tage BETRUG DIE DURCHSCHNITTLICHE BESCHÄFTIGUNGSDAUER 2017 BEI ARBEITSKRÄFTEÜBERLASSERN. 20 TAGE WENIGER ALS 2016.

♀ 180 Tage
♂ 183 Tage

74% DER ÜBERLASSUNGEN ERFOLGTEN IN UNTERNEHMEN, DIE DEN SPARTEN Gewerbe, Handwerk UND Industrie ZUZUORDNEN SIND.

AUF **1** Leiharbeitskraft ENTFIELEN IM JAHR 2017 IM DURCHSCHNITT **3** Überlassungen.

3. Kapitel

Teilzeit wider Willen

Sabine, Teilzeitbeschäftigte wider Willen: über den jahrelangen Kampf um jede Stunde Arbeitszeit

Heute ist ein guter Tag für Sabine. Drei Stunden vor unserem Treffen ruft sie mich an, um mir die gute Neuigkeit zu erzählen, mit der sie selbst schon gar nicht mehr gerechnet hätte. Ab Januar 2018 wird Sabine wieder fünf zusätzliche Stunden bekommen. Nach weiteren zwei langen Jahren der Hartnäckigkeit wird die Arbeitszeit in ihrem Dienstvertrag erneut aufgestockt – dieses Mal auf eine 30-Stunden-Woche. Nicht, dass sie nicht ohnehin schon seit Monaten konstant ihre 30 Stunden pro Woche gearbeitet hätte, aber nun ist sie dafür endlich auch offiziell angestellt und hat so rund 500 Euro mehr pro Monat fix auf ihrem Konto. Nach nunmehr zwanzig Jahren in diesem Betrieb, in denen Sabine inzwischen zur zweifachen Mutter geworden ist, können sie und ihre Familie dieses Geld wirklich gut gebrauchen.

Die 42-Jährige arbeitet bereits ihr halbes Leben in diesem Unternehmen. Schon während ihres Studiums der Psychologie und Pädagogik hat sie sich dort beworben und zu ihrer großen Freude damals auch gleich beim ersten Anlauf eine Jobzusage bekommen. Unmittelbar nach ihrem Abschluss hat sie ihre Arbeit in der Firma begonnen. Selbst ihre Diplomarbeit hat sie zum Thema ihres heutigen Berufs verfasst, weil ihr Interesse und Engagement von Anfang an stets auf genau dieses Arbeitsgebiet fokussiert waren. Der Sozialbereich war ihr immer schon ein besonderes Anliegen. Es ist ihr Wunschberuf, denn seit sie sich erinnern kann, wollte sie sich in ihrer Arbeit für Gutes einsetzen und damit andere Menschen unterstützen. Mehr als eine derartig hohe Motivation und Eignung, wie die von Sabine, kann sich ein Arbeitgeber von einer Beschäftigten eigentlich nicht wünschen. Deswegen ist sie heute auch

Koordinatorin für bundesweite Projekte im Pflegebereich und hält Schulungen für ihre zahlreichen Kolleginnen und Kollegen ab.

Sie liebt ihre Arbeit, auch wenn sie es oft nicht leicht hat und sie vonseiten der Vorgesetzten nur wenig Anerkennung dafür bekommt. Deswegen nahm sie es mit Anfang Zwanzig auch in Kauf, ihren Beruf als Freie Dienstnehmerin auszuüben, obwohl sie dabei selbst für ihre Kranken- und Pensionsversicherung aufkommen und sich bei der Sozialversicherungsanstalt der gewerblichen Wirtschaft (SVA) selbstversichern musste.

> Sie war jung, stellte keine großen Ansprüche und war froh, einen Fuß in der Tür zu haben. Hauptsache sie hatte es geschafft, in dem Beruf ihrer Wahl anzukommen. Alles Weitere würde sich dann mit der Zeit schon fügen, davon war sie überzeugt.

Die Vorzüge der Freiheit hatte sie als Freie Dienstnehmerin in der Praxis zwar nicht, weil sie exakt geregelte Arbeitszeitvorgaben hatte und strenge Aufzeichnungen zur Dokumentation über ihre tägliche Arbeitsleistung führen musste, aber auch damit fand sie sich ab. Zwei Jahre lang hatte Sabine jeden Monat eine Honorarnote über den gleichen Betrag für ihre immer gleichen 80 Stunden Arbeitszeit pro Monat eingereicht. Natürlich wäre sie lieber fix angestellt gewesen, aber ihr wurde von ihren Vorgesetzten immer wieder deutlich vermittelt, dass es aufgrund der Budgetsituation des Betriebs nicht anders möglich wäre.

Dann folgte die Umstrukturierung des Unternehmens. Aus ihrer ehemaligen Firma wurden zwei gemacht und als ihre bisherige Chefin nicht in den neu entstehenden Schwesterbetrieb mitwechselte, witterte sie eine Chance. So bewarb sie sich um die frei werdende Stelle und wurde zu ihrer großen Begeisterung nach zwei Jahren schließlich angestellt. „Es war damals noch relativ leicht, diese Anstellung zu kriegen", sagt Sabine, „weil ich in der Materie ja bereits eingearbeitet war." Kein Wunder, denn sie hatte zuvor als Freie Dienstnehmerin ja schon exakt die gleichen Leistungen erbracht, wie die, die nun von ihr als Angestellte erwartet wurden. Es war eine große Erleichterung für sie, sich nunmehr nicht mehr mit der SVA und den Honorarnoten herumschlagen zu müssen, und der unbefristete Dienstvertrag gab ihr ein neues Gefühl von Sicherheit und Zuversicht. „Angestellt wurde ich aber wieder nur halbtags für 20 Stunden pro Woche. Damals hat das aber noch ganz gut gepasst, weil ich nebenbei den Doktor machen wollte", erzählt sie weiter. So schrieb sie also halbtags an ihrer Dissertation und absolvierte erfolgreich alle Lehrveranstaltungen für ihren geplanten Doktorabschluss.

Das ist ein Weg, der für teilzeitbeschäftigte Frauen nicht unbedingt üblich, sondern eher die Ausnahme ist. Weiterbildung ist zwar das wichtigste Motiv für Männer, Teilzeit zu arbeiten, bei Frauen wiegen andere Argumente in der Regel viel schwerer. Der Vergleich der Gründe, warum Frauen oder Männer nicht Vollzeit einer Erwerbstätigkeit nachgehen, fällt eindeutig aus. 66 Prozent der Männer geben schulische oder berufliche Aus- und Fortbildung als Begründung an, aber nur 8,6 Prozent der 926.500 Teilzeit arbeitenden Frauen in Österreich.[41]

> Sabine war zu Beginn ihrer Teilzeitkarriere also keine typische Teilzeitbeschäftigte, auch wenn Teilzeit hierzulande immer noch das typische Beschäftigungsverhältnis von Frauen ist.

Die Teilzeitquote von Frauen in Österreich zählt mit 46,9 Prozent sogar zu den höchsten in Europa, nach den Niederlanden und Deutschland liegt Österreich auf dem wenig ruhmreichen dritten Platz.[42] Deswegen gilt mit 53 Prozent auch über die Hälfte der erwerbstätigen Frauen bei uns als „atypisch" beschäftigt, auch wenn Teilzeit bei Frauen eigentlich die traurige Normalität und somit durchaus typisch ist. Traurig, weil Teilzeit in der Praxis einen der zentralen Hinderungsgründe für die Gleichstellung von Frauen am Arbeitsmarkt darstellt. Weil Frauen auch – aber nicht nur – durch die Teilzeit-Erwerbstätigkeit nur einen Teil des Gehalts beziehen. Weil sie mit weniger Geld auskommen müssen und viel schwerer und seltener in Führungspositionen aufsteigen. Und weil sie unter Berufung auf die geringere Verfügbarkeit auch noch viel zu oft gegenüber ihren männlichen, meist vollzeiterwerbstätigen Kollegen benachteiligt werden. Die Folge ist, dass sie durch ihr geringeres Ausmaß an bezahlter Erwerbsarbeit in der Pension doppelt so häufig unter Altersarmut leiden wie Männer. Rund 143.000 Pensionistinnen gelten als armuts- und ausgrenzungsgefährdet, aber nur 69.000 Pensionisten.[43] Denn von den männlichen Erwerbstätigen sind immer noch 83 Prozent in unbefristeten Vollzeit-Dienstverhältnissen beschäftigt, den zunehmend begehrter, aber immer seltener werdenden „Normalarbeitsverhältnissen", und somit auch sozial besser abgesichert als Frauen.[44]

Auch Sabines Zeit als eher untypische teilzeitbeschäftigte Frau in Weiterbildung war nur von kurzer Dauer. Bald kam es zu einem unangenehmen Interessenkonflikt zwischen der Universität und ihrem Arbeitgeber. Sie waren sich uneins über die Forschungsfrage ihrer Doktorarbeit, ihr Arbeitgeber hätte von einer anderen Fragestellung mehr profitiert als ihr Institut. Sie fühlte sich zwischen den Fronten zerrieben und verwarf ihren Wunsch zu promovieren nun doch, um stattdessen Vollzeit in ihrem Wunschberuf zu arbeiten. Natürlich teilte sie diese schwerwiegende Entscheidung und den Wunsch nach einer Vollzeitanstellung ihrem Arbeitgeber damals umgehend mit. Dieser vertröstete sie zwar, jedoch versicherte er ihr trotzdem, dass sie schnellstmöglich aufgestockt werden würde, sobald sich eine Möglichkeit dafür eröffne. Aber erst eineinhalb Jahre nachdem sie ihren Wunsch nach Aufstockung ihrer Arbeitszeit auf Vollzeit bekundet hatte, wurde sie von 20 auf 25 Stunden aufgestockt.

> Sabine war nun inzwischen Ende zwanzig, bald dreißig Jahre alt und schon fünf Jahre in der Firma beschäftigt. Aber trotzdem hatte sie sich nur von einem Freien Dienstverhältnis auf Basis von zwanzig Stunden pro Woche zu einer Anstellung für 25 Stunden pro Woche „hocharbeiten" können – obwohl sie tatsächlich befördert worden war.

Nichtsdestotrotz sah sie auch diesen kleinen Aufstieg nur als eine weitere Sprosse auf der Leiter und war zuversichtlich, dass sie schon bald ihr Ziel der Vollzeitanstellung erreichen würde. Damals war ihr noch nicht bewusst, wie viele Frauen unfreiwillig in der Teilzeit festhängen, weil ihnen von ihren ArbeitgeberInnen nicht ermöglicht wird Vollzeit zu arbeiten, zumindest nicht laut Vertrag und der damit einhergehenden Meldung zur Sozialversicherung.

Über 100.000 Frauen geben an, nur deswegen Teilzeit zu arbeiten, weil sie keine Vollzeitanstellung gefunden haben. Das entspricht fast zwölf Prozent aller teilzeitbeschäftigten Frauen.[45] Hinzu kommt die hohe Dunkelziffer derjenigen, die zwar einen Teilzeitarbeitsvertrag haben, aber de facto Vollzeit arbeiten. In Branchen wie dem Handel, der Gastronomie und der Hotellerie steht einer großen Unterbeschäftigung, also vergleichsweise vielen Arbeitslosen, ein großes Volumen an Überstunden gegenüber. Das gleiche Phänomen zeigt sich auch bei Büroangestellten. Gerade in diesen Branchen werden Arbeitende konstant zu unbezahlten Überstunden gezwungen, womit sich ihre ArbeitgeberInnen auf ihre Kosten jede Menge Geld sparen. Das ist nicht nur für die betroffenen Teilzeitbeschäftigten ein Problem, denn wenn man diese Überstunden in Arbeitsplätze umrechnen würde, so könnten fast 20 Prozent der Arbeitsuchenden in diesen Branchen eine vollwertige Anstellung erhalten.[46] Unfreiwillige Teilzeitarbeit und falsche Teilzeitverträge sind also bei Weitem keine Ausnahme. Auch in Sabines Betrieb entspricht sie mit ihrer Situation eher der Regel. Dort arbeiten zum größten Teil Frauen, geschätzt sind es wohl circa 80 Prozent der Beschäftigten. Und so wie sie, sind diese fast alle nur im Ausmaß von 20 bis 25 Stunden pro Woche angestellt. Allerdings gab ihr das damals noch nicht besonders zu denken, weil dies absolut typisch für ihre Branche ist. Deswegen nahm sie es auch nicht persönlich, dass ihr eine Vollzeitanstellung „fürs Erste" verwehrt und sie vertröstet wurde. Das änderte sich erst, als sie einen neuen jungen Kollegen bekam. Sie hatte ihn selbst eingeschult, aber bereits ein halbes Jahr später wurde er, so wie auch die anderen wenigen Männer in ihrem Betrieb, Vollzeit angestellt. Wütend und frustriert fragte sie sich, wie es sein konnte, dass zwar alle ihre Kollegen für 38 Stunden pro Woche Vollzeitanstellungen erhalten konnten, während dies fast allen von ihren Kolleginnen abgeschlagen wurde. Nur drei ihrer Kolleginnen erging es nicht so wie ihr: zwei davon waren Führungskräfte und die dritte war zuständig für Administration und Buchhaltung. Bis heute hat sich an diesem Zustand nichts geändert.

Einige Monate nach dieser traurigen Erkenntnis wurde Sabine mit ihrem ersten Sohn schwanger. Auch wenn die Schwangerschaft nicht unmittelbar geplant war, freuten sie und ihr Mann sich darüber sehr und sie ging für zwei Jahre in Karenz, um in dieser wichtigen Zeit für ihr Kind da zu sein. Noch in der Karenz wurde sie ein zweites Mal, mit ihrem zweiten Sohn, schwanger und so verlängerte sich ihre Babypause auf insgesamt viereinhalb Jahre. Heute sind ihre Söhne sieben und zehn Jahre alt und Sabine arbeitet seit fünfeinhalb Jahren wieder im Betrieb. Bei ihrer Rückkehr wurde sie abermals mit 25 Stunden pro Woche eingestuft. Da sie nun aber zwei kleine Kinder zu versorgen hatte und in ihrem Wohnort im Salzburger Land kein Kindergarten länger als bis 14 Uhr geöffnet blieb, fand sie sich wieder damit ab – fürs Erste. Ihr Mann verdiente zum damaligen Zeitpunkt deutlich mehr als sie und so war es eine wirtschaftliche Notwendigkeit, dass sie die Hauptlast der unbezahlten Kindererziehung und Haushaltsarbeit tragen musste, damit ihr Mann weiterhin seine rund 43 Stunden pro Woche im Büro verbringen und das benötigte Geld verdienen konnte.

Dass die unbezahlte, aber nicht weniger wertvolle Arbeit in der Familie vorwiegend von Frauen geleistet wird, ist in Österreich immer noch an der Tagesordnung.

> Zu ihrem eigenen Nachteil entlasten Frauen ihre Männer. Den Frauen fehlt diese Zeit, die sie mit unbezahlter Familienarbeit verbringen, wodurch jede Zweite nur in Teilzeit der Erwerbsarbeit nachgehen kann. Sie machen das aus Pflichtgefühl und aus Liebe, aber auch weil sie es müssen.

Weil es immer noch von ihnen erwartet wird und weil sie trotz ihrer Leistungen auch am Arbeitsmarkt diskriminiert und schlechter bezahlt werden. Es ist ein Teufelskreis für Frauen. Sie arbeiten Teilzeit, weil sie schlechter bezahlt werden und sie werden schlechter bezahlt, weil sie Teilzeit arbeiten. 2016 haben Frauen knapp 40 Prozent weniger verdient als Männer. Wenn nur ganzjährig vollzeitbeschäftigte Erwerbstätige miteinander verglichen werden, lag der Gehaltsunterschied zwischen Männern und Frauen immer noch bei knapp 16 Prozent. Selbst unter Berücksichtigung des Bildungsniveaus, des Alters, der Dauer der Unternehmenszugehörigkeit, der Vertragsart, der Region und Unternehmensgröße und ebenso von Branche und Beruf, reduziert sich der Lohnunterschied zwischen Frauen und Männern bloß auf 13,6 Prozent. Mehr als die Hälfte des Gender Pay Gap kann also ausschließlich durch Diskriminierung und durch nichts anderes erklärt werden.[47]

Deswegen verwundert es auch wenig, dass der mit Abstand häufigste Grund für Teilzeitarbeit bei Frauen ihre Betreuungsaufgaben gegenüber Kindern sind. Über 38 Prozent der Frauen reduzieren ihre Arbeitszeit, um Zeit für die Erziehung ihrer Kinder zu haben, aber keine fünf Prozent der teilzeitbeschäftigten Männer. Hinzu kommt, dass Frauen auch viel seltener Überstunden leisten, um sich ihr Gehalt aufzubessern. Von den 2,73 Millionen Beschäftigten, die 2016 Überstunden absolviert haben, haben Frauen zu

13,6 Prozent und Männer zu 23,8 Prozent Mehr- und Überstunden geleistet. Diese Stunden sind für knapp ein Fünftel der unselbstständig Beschäftigten ein fixer Teil ihrer Arbeitszeit.[48] Aber Haushaltsarbeit, Kindererziehung, Lernbetreuung und Pflege finden ohne Zeiterfassung und vorwiegend in der Familie statt. Das macht Familienarbeit beinahe unsichtbar, obwohl sie massive Auswirkungen auf die reguläre Arbeitswelt hat. Es sind nach wie vor Frauen, die diese Arbeit zu zwei Dritteln verrichten: Sie arbeiten rund 27 Stunden pro Woche unbezahlt, Männer nur elf.

> Wird unbezahlte Arbeit und Erwerbsarbeit jedoch zusammengezählt, arbeiten Frauen insgesamt länger als Männer. So arbeiten sie laut Statistik 45,7 Stunden pro Woche, allerdings beträgt der Anteil der Erwerbsarbeit davon nur 18,7 Stunden, während Männer insgesamt 41,7 Stunden arbeiten, wobei davon die bezahlte Arbeit 30,7 Stunden ausmacht.[49]

Für bald zwanzig Jahre, die Sabine bereits in diesem Betrieb verbracht hat, fühlt sie sich in der Arbeit nur wenig zugehörig. Vieles von dem, was im Büro passiere, dringe gar nicht bis zu ihr durch und laufe an ihr vorbei, weil sie nur den halben Tag dort sei, erzählt sie mir niedergeschlagen. Ihren neuen Chef sieht sie überhaupt nur einmal im Jahr bei der Weihnachtsfeier. Sie beschreibt, dass es quasi unmöglich für sie ist, eine Beziehung zu ihm aufzubauen und sich und ihren Anliegen Gehör zu verschaffen. Vor zwei Jahren hat sie bei ihrem Mitarbeitergespräch zwar wieder darum gebeten, dass ihre offizielle Arbeitszeit erhöht wird, aber erneut ohne den erhofften Erfolg. Auch mit ihren direkten Vorgesetzten hat sie wenig Glück. Wertschätzung für ihre Arbeit bekommt sie nur von außen, von ihren Vorgesetzten kommt nichts. Und doch liebt sie das, was sie tut, immer noch. Sie wäre nahezu wunschlos glücklich, wäre da nur nicht der leidige Kampf um jede einzelne Stunde ihrer Arbeitszeit. Dabei gäbe es eigentlich mehr als genug Arbeit für sie. Nahezu täglich leistet sie Überstunden, schon seit Monaten geht das so. Für diese kann sie sich nicht einmal Zeitausgleich nehmen, denn selbst dafür hat sie noch zu viel Arbeit und kommt sonst nicht mehr nach. Die Überstunden werden ihr also jeden Monat ausbezahlt, eine kostspielige Angelegenheit für ihren Arbeitgeber, die zulasten ihrer zukünftigen Pension geht.

Der Verlust durch berufliche Auszeiten infolge von Kinderbetreuung und anschließende Teilzeitbeschäftigung beträgt nicht selten bis zu 50 Prozent der Pensionshöhe. Eine zweijährige Teilzeiterwerbstätigkeit senkt die monatliche Durchschnittspension bereits um 1,7 bis 2,1 Prozent. Nur innerhalb der ersten vier Jahre nach der Geburt eines Kindes sinkt die Pension durch Erwerbslücken und Teilzeitarbeit etwas geringer. Der Beitragsgrundlage wird während dieser Zeit ein fiktives Einkommen als sanfter Ausgleich hinzugerechnet, aber der Verlust beträgt immer noch rund ein Prozent. Berechnungen zeigten sogar auf, dass der Verdienstrückstand von Frauen mit nur einem Kind, im Vergleich zu ebenso qualifizierten und gleichaltrigen Frauen, im 24. Jahr nach der Geburt des Kindes ganze 42 Prozent pro Jahr beträgt. Außerdem hatten 2016 von den rund 31.700 neu zuerkannten Alterspensionen an Frauen nur 650 die maximalen Versicherungszeiten von 45 Jahren, die 80,1 Prozent des Lebenseinkommens als Pension versprechen. Das entspricht nur zwei Prozent der Neuzuerkennungen, bei den Männern waren es hingegen 50 Prozent.[50] Aus dem durchschnittlichen Stand der Gutschriften für verschiedene Jahrgänge, den die Pensionsversicherungsanstalt Anfang 2018 veröffentlich hat, geht hervor, dass Frauen, die 1962 geboren wurden, mit einer durchschnittlichen Monatspension von 871 Euro rechnen dürfen. Bei Männern des gleichen Jahrgangs zeigt die Gutschrift eine Monatspension von 1.223 Euro.

> Sabine ist das alles bewusst. Sie weiß, dass sie im Alter allein kaum überlebensfähig sein wird und ihre Pension wohl eher ein Taschengeld werden wird, wenn sie weiterhin keine Vollzeitanstellung erhält.

Sie erwidert mir auf mein vorsichtiges Nachfragen, dass sie versuche, sich zu beruhigen, indem sie die Gedanken daran weit weg schiebe. Sie wolle lieber nicht zu viel darüber nachdenken.

Sie, ihr Mann und ihre zwei Kinder haben es schon jetzt nicht immer leicht. Sie müssen zu viert mit rund 3.000 Euro monatlich zum Leben auskommen. Für die Miete müssen sie 1.000 Euro ausgeben, womit schon ein Drittel ihres gesamten Einkommens fix verbucht ist. Für die Betreuung ihrer Kinder benötigen sie weitere rund 800 Euro pro Monat, weil es bei ihnen am Land keine kostenlosen Kinderbetreuungsmöglichkeiten gibt. Mit den verbleibenden 1.200 Euro müssen sie alle ihre weiteren Kosten bestreiten: das Familienauto, die Kleidung der Kinder und Eltern, ihren Haushalts- und Lebensmittelbedarf, Zahnarztkosten und alles Weitere. Besonders schwer fallen noch die schulischen Aktivitäten wie Skikurse, Landschulwochen und Ausflüge ins Gewicht. Zwei Drittel des Haushaltseinkommens steuert Sabines Mann bei, ein Drittel kommt von ihr. Wie bei allen Paaren kommt es auch bei ihnen deswegen immer wieder zu Diskussionen, weil jede Anschaffung wohlüberlegt sein muss. Was Sabine erzählt, spiegelt wider, was rund 57 Prozent der Paare angeben, nämlich dass sie wichtige finanzielle Entscheidungen gemeinsam treffen. Aber Entscheidungen über alltägliche Einkäufe und Ausgaben für Kinder werden häufiger von Frauen getroffen. Männer hingegen entscheiden öfter allein über die Aufnahme von Krediten und Ratenkäufen. Generell zeigt sich: Umso egalitärer die Einkommensverteilung unter Paaren ist, desto mehr Entscheidungen – auch schwerwiegender finanzieller Natur – werden gemeinsam getroffen. Mit höherem Einkommen des Mannes sinkt der Anteil der gemeinsamen Entscheidungen hingegen.[51]

Am Ende des Gesprächs fällt Sabines Resümee über ihren bisherigen beruflichen Werdegang kritisch aus. Die Freude über die Aufstockung von fünf Stunden in ihrem Arbeitsvertrag hält sich in Grenzen. Ihre prekäre Lage, die Ungerechtigkeit angesichts ihrer Zukunft in drohender Altersarmut und ihre Benachteiligung gegenüber den männlichen Kollegen, die Wut über all das hat sie sichtlich gezeichnet. Aber trotzdem will Sabine nicht aufgeben.

> Sie wird nicht lockerlassen mit ihrer Forderung, eine weitere Aufstockung zu erhalten, bis sie endlich einen Vollzeitvertrag erhält. Und sie will auch nicht den Glauben daran verlieren, dass die zum Himmel schreiende Ungerechtigkeit dieses Systems noch verändert wird.

Von den rund 1,88 Millionen erwerbstätigen Frauen in Österreich haben knapp 500.000 Kinder unter 15 Jahren. Der überwiegende Teil dieser erwerbstätigen betreuungspflichtigen Frauen, über 77 Prozent, arbeitet Teilzeit. Sie alle hätten durch eine Arbeitszeitverkürzung und eine gerechtere Verteilung von bezahlter und unbezahlter Arbeit auf Frauen und Männer ein leichteres Leben.

WEITERE HINTERGRÜNDE

IN DEN LETZTEN 10 JAHREN SIND **neue Stellen fast ausschließlich** IM AUSMASS VON **Teilzeitarbeitsverhältnissen** ENTSTANDEN.

NACH DER FINANZKRISE 2009 KAM ES ZU EINEM **Abbau** VON FAST **60.000 Vollzeitstellen.**

2013 WAR DER ANSTIEG BEI TEILZEITSTELLEN **2x so hoch** WIE DER BEI VOLLZEITSTELLEN.

2016 GAB ES **371.300 Teilzeitbeschäftigte mehr, aber nur 23.000** VOLLZEITBESCHÄFTIGTE MEHR ALS 10 JAHRE ZUVOR.

DIE **TEILZEITQUOTE DER FRAUEN** ZÄHLT ZU DEN HÖCHSTEN IN EUROPA. ÖSTERREICH WEIST DEN **zweithöchsten Geschlechterunterschied** IN DEN TEILZEITQUOTEN INNERHALB DER EU AUF.

(Statistik Austria, Atypische Beschäftigung im Jahr 2015 und im Verlauf der Wirtschaftskrise)

Gründe für Teilzeitarbeit:

BETREUUNGSAUFGABEN GEGENÜBER KINDERN
4,7% ♂
38,1% ♀

SCHULISCHE BZW. BERUFLICHE AUS- UND FORTBILDUNG
27,1% ♂
8,6% ♀

NICHT VORHANDENE VOLLZEITSTELLE
18,7% ♂
11,3% ♀

VON DEN **838.000** ♀ TEILZEITBESCHÄFTIGTEN FRAUEN WAREN **7%** NEBEN DER TEILZEIT ZUSÄTZLICH NOCH IN EINEM **Leiharbeitsverhältnis** BESCHÄFTIGT, **befristet** ODER **Freie Dienstnehmerinnen**.

4. Kapitel

Knochenharte Packerei im Niedriglohnsektor

Berat und Ayaz: über knochenharte Packerei im Niedriglohnsektor

Berat und Ayaz treffe ich gemeinsam an einem Sonntagabend. Es ist der erste Abend seit fast einer Woche, an dem sie endlich wieder einmal frei haben. Die beiden arbeiten nicht nur als Lieferanten für den gleichen Lieferservice eines Lebensmittelgeschäfts, sie sind auch Brüder. Ayaz ist noch neu, er hat mit der Arbeit erst vor einem Monat begonnen. Berat hingegen ist schon über ein Jahr dabei und hat seinen Bruder zur Beratung mitgenommen. Die beiden freundlichen, jungen Männer arbeiten an unterschiedlichen Standorten, aber ihr Tagesablauf ist ident und selbst die Stammkundinnen und -kunden, die sie beliefern, teilen sie sich. Das Gespräch mit ihnen hat für mich eher Seltenheitswert, denn bevor sie überhaupt mit ihrer Erzählung beginnen, betonen sie, wie zufrieden sie mit ihrer Arbeit sind und wie sehr sie diese schätzen. Ebenso stellen sie von Anfang an klar, dass sie zwar ein paar Fragen zu ihren Arbeitsbedingungen haben, aber ihre Jobs keinesfalls verlieren wollen. Wir verständigen uns daher nochmals auf strikte Diskretion über ihren Arbeitgeber, bevor sie zu erzählen beginnen.

Jeder ihrer Dienste beginnt morgens um 9 Uhr im Lager, wo sie ihren Kleintransporter mit den Waren für die erste Fahrt beladen. „Wir dürfen nicht übertreiben mit der Fracht, alleine dürfen wir maximal 900 Kilo pro Fuhr transportieren, sonst müssen wir zu zweit arbeiten", schildert mir Berat die üblichen Arbeitsschritte ganz genau. Für mich hören sich 900 Kilo pro Person unfassbar viel an, deswegen erkundige ich mich nach Hilfsmitteln, wie einem Stapler oder einer Hebebühne zum Beladen des Transporters. Daraufhin lächeln sie breit und erklären mir, dass dieses Gewicht für sie überhaupt kein Problem wäre und es mit einer kleinen Rodel auch problemlos funktionieren würde. Dabei wirken die zwei jungen Männer auf mich eher schmächtig und die Summe der Waren, die sie transportieren müssen, mutet gigantisch an.

> Dreimal pro Tag je 900 Kilo einladen, ausladen und bis in die Wohnungen der Kundinnen und Kunden schleppen und das allein, zu Beginn des Gesprächs ist das für mich noch unvorstellbar.

Nach einer Stunde, erzählt er weiter, müssen sie zu ihrer ersten Fahrt aufbrechen, um die ersten Kundinnen und Kunden des Tages zu beliefern. Pro Fuhr sollten es nicht mehr als 12 bis maximal 15 Kundinnen und Kunden sein, aber ganz so streng werde diese Grenze dann auch wieder nicht gehandhabt, räumen sie ein. Etwa vor Wochenenden oder Feiertagen, wenn mehr Bestellungen ausgeliefert werden müssen, werden von der Logistik auch einmal beide Augen zugedrückt. Um 12 Uhr mittags endet für Berat und Ayaz bereits das Zeitfenster für ihre erste Liefertour des Tages. Diese Zeitfenster entstehen, weil sich die Kundinnen und Kunden bei ihrer Online-Bestellung aussuchen können, in welchem Zeitraum ihre Einkäufe geliefert werden sollen. Deswegen ist Zeit in diesem Job auch so ein wichtiger Faktor. Wenn sie bloß fünf Minuten später vor der Türe stehen als gewünscht, gibt es schon Kundinnen und Kunden, die die Ware nicht mehr annehmen wollen und sie einfach wieder wegschicken. Das bedeutet Ärger und doppelte Schinderei für die Lieferanten. Sie müssen dann alles wieder einpacken, zurück zum Transporter schleppen, erneut einladen und stornieren. Das Logistik-Computerprogramm, das ihre Touren berechnet, kennt aber weder schwierige Kundinnen und Kunden noch Probleme mit dem Verkehr oder der Witterung, und so erlaubt es ihnen pro Kundin bzw. Kunde maximal zwölf Minuten. Wenn sie für manche von ihnen länger brauchen, dann sind sie den ganzen weiteren Tag über im Verzug und auf der Aufholjagd nach der verlorenen Zeit. Bei Stau oder Schnee würde er deswegen am liebsten wieder umdrehen und nach Hause gehen, erzählt Berat, weil es dann unmöglich zu schaffen ist, pünktlich im Zeitplan zu bleiben.

Das nächste Problem entsteht, wenn es im Haus der Kundin bzw. des Kunden keinen Lift gibt. „Der erste und zweite Stock geht noch, aber der dritte, vierte, fünfte oder gar sechste Stock ist furchtbar! Aber ausgerechnet die Leute, die keinen Lift in ihrem Wohnhaus haben, bestellen erst recht Getränke und andere schwere Lebensmittel, damit sie sie nicht selbst hochschleppen müssen. Nach dem dritten Stock ist man aber schon außer Atem, die Kraft fehlt einem dann später in den anderen Stiegenhäusern", ergänzt Ayaz. Zwar sind sie noch jung, Berat ist 24 Jahre alt und Ayaz ist gerade erst 23 Jahre alt geworden, und sie wirken sportlich und frisch, sodass man ihnen die harte Arbeit nicht ansieht. Doch trotzdem kommen sie bei jedem Dienst an die Grenze ihrer Belastbarkeit. Auch ihren Kollegen, von denen keiner älter als 41 Jahre alt ist, ergeht es so. Ältere Kollegen hören mit diesem Job meist schon nach zwei Wochen wieder auf, weil sie ihn körperlich nicht aushalten. Frauen arbeiten keine in ihrem Team, aber das Arbeitsklima unter den jungen Männern ist sehr gut, erzählen die beiden, weil sie sich alle gegenseitig helfen, wenn jemand einen schlechten Tag hat und sich nicht gut fühlt.

> Ayaz meint, mit durchschnittlich drei bis vier Arbeitstagen kämen sie bereits auf eine 45- bis 50-Stunden-Woche. Berat widerspricht und sagt, bei ihm seien es regelmäßig sogar noch mehr Stunden.

Sie arbeiten in einem Schichtrad, auf einen Tag Arbeit folgt ein freier Tag, auf zwei Tage folgen zwei und auf drei Tage Arbeit wiederum drei freie Tage und so weiter. Ihre Tage sind lang: Obwohl sie um 9 Uhr morgens mit ihrer Arbeit beginnen, sind sie in der Regel bis 21.30 Uhr abends im Einsatz. „Aber wir sind zufrieden, wir kommen zurecht, wir arbeiten zwar hart, aber am Ende des Monats geht es sich aus", beschwichtigt Ayaz rasch seinen jüngeren Bruder. 1.350 Euro brutto erhalten sie für ihre Schinderei am Ende des Monats, ein Einkommen nur hauchdünn über der Armutsgrenze für alleinstehende Personen. Und das, obwohl sie Vollzeit angestellt sind und trotz der 12-Stunden-Tage. Die beiden sind Teil der rund 313.000 „Working Poor" in Österreich, die trotz Arbeit unter Armut leiden. Fast die Hälfte der „Working Poor", rund 140.000 Personen, besitzen keine österreichische Staatsbürgerschaft, auch zu dieser Gruppe gehören Ayaz und Berat.[52]

> Mit Überstundenzuschlägen und Diäten kommen sie so auf 1.180 Euro netto monatlich, plus dem bisschen Trinkgeld von rund 20 Euro pro Tag, welches sie von den Kundinnen und Kunden mit Glück immer wieder erhalten.

„Ein Monat ist lang", sagen sie, deswegen freuen sie sich, wenn sie täglich was dazubekommen. Ich frage sie, ob sie nach einem Kollektivvertrag entlohnt werden und sie versichern mir umgehend, dass dies der Fall wäre. Bei weiterer Nachfrage stellt sich jedoch heraus, dass sie nicht wissen, was ein Kollektivvertrag ist. Aber sie erwähnen immer wieder, dass sie angestellt sind, was in ihrer Branche keine Selbstverständlichkeit wäre, und wie froh sie deswegen seien, diesen Job zu haben. Ayaz beginnt von einem seiner Freunde zu erzählen, der für Uber fährt. „Uber ist wirklich scheiße, da verdienst du wirklich gar nichts, aber ich kann mir zwischendurch auch einfach einmal eine Hose von Diesel kaufen", sagt er, während er auf seine Jeans zeigt.

LEBEN AN DER ARMUTSGRENZE

Ayaz ist trotz seines jungen Alters bereits verheiratet und hat einen kleinen Sohn, der gerade ein Jahr alt geworden ist. Weil ich nicht mit der Tür ins Haus fallen möchte, aber mich trotzdem interessiert, wie sie es schaffen, mit dem kleinen Verdienst über die Runden zu kommen, erkundige ich mich nach ihren Lebensumständen. Er erzählt, dass er mit seiner karenzierten Frau und ihrem Baby noch mit seinen Eltern zusammen in einer Dreizimmerwohnung im 7. Wiener Gemeindebezirk wohnt. Bald werden sie jedoch umziehen, weil sie von der Gemeinde aufgrund der Geburt des Babys eine Notwohnung im 12. Bezirk zur Verfügung gestellt bekommen und nicht länger auf eine Gemeindewohnung warten müssen. Die Hälfte seines Gehalts wird nach dem Umzug für die 1.000 Euro Kaltmiete der neuen 70 Quadratmeter großen Wohnung draufgehen. Es wird also finanziell zukünftig noch um einiges enger für sie werden, auch wenn sie kaum mehr Platz zur Verfügung haben. Außerdem weiß er noch nicht, wie es mit seinen langen Arbeitszeiten vereinbar sein wird, wenn seine Frau später auch wieder arbeiten geht. Berat hat es leichter, er zahlt 400 Euro Miete pro Monat für seine 50-Quadratmeter-Wohnung im 18. Bezirk und er bekommt 50 Euro Wohnbeihilfe. Deswegen unterstützt er seinen Bruder und seine Eltern. „Man arbeitet nur für den Erlagschein. Keiner hat eine eigene Kasse, alle legen zusammen, sonst funktioniert es nicht", sagt er dazu ganz selbstverständlich. Denn auch ihre Eltern müssen mit einem bescheidenen Gehalt über die Runden kommen. Ihre Mutter arbeitet als Pflegerin in einem Krankenhaus, ihr Vater ist einer der vielen Haustechniker in einem der großen Gebäude in Kaisermühlen. Berat erzählt von seinem Schwiegervater, der in einer Bäckerei gearbeitet und dafür vier, fünf Monate lang gar kein Geld bekommen hat. Er musste sein Gehalt vor Gericht einklagen. Deswegen sind Berat und sein Bruder so froh, dass ihr Lohn immer pünktlich kommt, weil sich die gesamte Familie darauf angewiesen ist und darauf vertraut.

Während ich ihren Erzählungen lausche, muss ich daran denken, dass ausländische Arbeitskräfte in Österreich immer noch um über 22 Prozent weniger verdienen als inländische Arbeitskräfte. Es stimmt mich traurig, dass es ihren Familien mit ziemlich hoher Wahrscheinlichkeit bessergehen würde, wenn sie nicht aus der Türkei oder einem der östlichen EU-Mitgliedsländer, sondern aus einem anderen Land zugezogen wären.

> Im Jahr 2015 wurden ausländische Arbeitskräfte im Mittel mit 1.879 Euro brutto entlohnt. Das sind um 533 Euro weniger als österreichischen Arbeitskräften bezahlt wurde.

Aber nur etwa drei Viertel dieses Unterschieds im Medianlohn zwischen österreichischen StaatsbürgerInnen und Beschäftigten mit Migrationsgeschichte lassen sich durch Unterschiede in Alter, Ausbildungsniveau, sozialer Stellung, Branchenzugehörigkeit und Beschäftigungsstabilität erklären. Selbst wenn alle diese Unterschiede berücksichtigt werden, beträgt die mittlere Lohndifferenz immer noch 122 Euro monatlich. Dieser unerklärliche Rest kann nur mit der Diskriminierung von Beschäftigten mit Migrationsgeschichte erklärt werden. Die Entwicklung der letzten Jahre verspricht keine Reduktion dieser Ungerechtigkeit. Denn während die inflationsbereinigten Löhne von Beschäftigten mit österreichischer Staatsbürgerschaft von 2000 bis 2015 um 9 Prozent stiegen, schrumpften die der Beschäftigten mit ausländischer Staatsbürgerschaft um 3,2 Prozent. Besonders erschreckend sind dabei die extremen Reallohnverluste von Beschäftigten aus Bulgarien und Rumänien, sie haben sogar 22,6 Prozent beziehungsweise 19 Prozent ihres Lohns in der Zeit von 2000 bis 2015 verloren.[53]

Ich erkundige mich auch nach ihrer Ausbildung und wie sie zu ihrem jetzigen Job gekommen sind. Die Brüder haben beide eine Lehre abgeschlossen: Berat ist gelernter Koch, Ayaz ist gelernter Haustechniker. Bevor er als Lieferant begonnen hat, war er im Krankenhaus als MRT-Helfer beschäftigt. Es war eine Arbeit, die er nicht mochte. „Jetzt vergeht die Zeit viel schneller bei der Arbeit, weil du draußen und unterwegs bist, deswegen gefällt mir das Fahren besser", begründet er seinen Wechsel. Auch Ayaz hat dafür ein ganz ähnliches Argument: „Du hast keinen Chef hinter dir. Beim Fahren fühlst du dich frei, da hast du deine Ruhe und niemand sagt dir, wann du Pausen machen und zur Toilette gehen darfst." Bevor er als Lieferant begonnen hat, war er in einer Supermarktfiliale tätig, in der rund um die Uhr der Chef hinter ihm her war, beschreibt er ein bedrückendes Szenario. Ständig wurde er kontrolliert, während der Pause unentwegt gefragt, wie lange er noch Pause machen würde, und außerhalb der Pausen durfte er weder etwas trinken noch zur Toilette gehen. Das will er nie wieder, darum ist sein heutiger Job derjenige, den er am längsten hatte, und er will, dass das so bleibt, beteuert er nachdrücklich. Sein starker Wunsch, die Stelle unbedingt zu behalten, lässt sich für mich auch deshalb nur zu gut nachzuvollziehen, weil immerhin 50,4 Prozent der Beschäftigten, die aus der Türkei stammen, nicht einmal ein Jahr durchgehend beim gleichen Arbeitgeber beschäftigt sind.[54] Für sie ist Arbeitsplatzsicherheit also bei Weitem nicht selbstverständlich.

SCHLECHTE BEZAHLUNG, ABER HOHES RISIKO

Nach einer kurzen Gesprächspause möchte mich Ayaz auf ein Getränk einladen. Doch mir ist die Frage unangenehm, da mir bewusst ist, wie knapp er bei Kasse ist, und ich versuche so höflich wie möglich auszuweichen, ohne ihn zu beschämen. Mit diesem Versuch komme ich jedoch nicht weit, es scheint ihm zu wichtig zu sein. Bei einer hilfsbereiten „Dame" wie mir will er großzügig sein, sagt er so strahlend, dass ich zurücklächeln muss. Ich hake noch einmal nach und frage die beiden, ob für sie denn wirklich alles so rosig in ihrer Arbeit abläuft, ob sie, wenn sie jede Möglichkeit hätten, nicht doch lieber etwas anderes machen würden. Sie werfen sich gegenseitig einen fragenden Blick zu und Berat räuspert sich. „Das Wichtigste ist ein guter Parkplatz, weil man an der Straße total aufpassen muss, dass einen beim Ausladen niemand anfährt. An stärker befahrenen Straßen passiert das immer wieder. Und wenn wir keinen passenden Parkplatz finden und einen Strafzettel bekommen, dann wird uns das vom Lohn abgezogen." Allerdings ist das nicht der einzige Grund, warum der Parkplatz so wichtig für sie ist, denn auch Gehsteigkanten und Kopfsteinpflaster sind ein Risiko. Die kleine Rodel, das einzige Hilfsmittel, das sie zur Beförderung der Waren haben, kippt nämlich sehr leicht. Das ist mitunter nicht nur gefährlich, sondern ebenso kostspielig, denn wenn Einkäufe auf den Boden fallen und beschädigt werden, wird ihnen auch das vom Lohn abgezogen. Probleme mit den mobilen

Bankomatgeräten sind ebenfalls an der Tagesordnung. Das hört sich eher harmlos an, aber durch die Offline-Geräte, die dann zum Einsatz kommen und bei denen sie alles manuell eingeben müssen, verlieren sie kostbare Zeit, die sie nicht haben. Ich erinnere mich:

> Zwölf Minuten, länger dürfen sie pro Kundin bzw. Kunde nicht brauchen.

Noch sind sie bei einem Subunternehmen angestellt, erzählen sie weiter: „Irgendwann wird der Lebensmittelkonzern die Auslieferung wohl selbst übernehmen, mal schauen, was die dann zahlen." Und schließlich sind die Filialen, in denen sie ihre Transporter morgens beladen müssen, alle in Außenbezirken angesiedelt, was ihnen lange Arbeitswege von bis zu zwei Stunden täglich beschert.

> Bis sie nach der Arbeit endlich zu Hause sind, ist es zwischen 22.30 und 23.30 Uhr nachts.

Als wäre all das nicht schon schlimm genug, gibt es da noch die Kundinnen und Kunden, die ihnen das Leben teilweise richtig schwer machen. Da sind die Jugendlichen in ihren Wohngemeinschaften, die kistenweise Getränke bestellen, keinen Lift haben und „Wiederschaun" sagen, ohne Trinkgeld zu geben – oder ihnen nur wortlos zehn Cent in die Hand drücken. Die würden sie ihnen dann am liebsten zurückhauen, erzählen sie wütend. Trinkgeld motiviert sie, viele Kundinnen und Kunden motivieren sie, weil es mehr Trinkgeld für sie gibt, erklären sie. „Aber manche Kunden sind so reich und geben trotzdem gar kein Trinkgeld. Zum Beispiel ein Doktor im ersten Bezirk, der in der Herrengasse wohnt. Der bestellt solche Unmengen an Mineralwasser, dass man sogar zweimal gehen und einen Parkschein lösen muss, und dann schafft der auch noch an, wo er was genau hingestellt haben will. Der macht immer Stress, weil man bei ihm die Zeitvorgabe von zwölf

Minuten pro Kunde nicht schafft." Wegen diesem Kunden hatten sie sogar eine Besprechung in der Filiale, mit der sie zumindest erreicht haben, dass sie solchen Kundinnen und Kunden nicht auch noch die Einkäufe verstauen müssen.

Aber nicht alle Kundinnen und Kunden sind so und ein paar von ihnen liegen den Brüdern sogar richtig am Herzen. Berat erzählt: „Natürlich mache ich auch was Gutes für die Leute, wenn ich die Zeit dafür habe, auch ohne dass sie mir dafür Trinkgeld geben. Das mache ich gerne. Denen, die es brauchen, will ich ja helfen. Und wir wissen ja, bei wem Hilfe notwendig ist, wir kennen unsere Kunden, es sind Stammkunden. Im 19. Bezirk wohnt zum Beispiel eine alte kranke Frau, der sortiere ich die Einkäufe auch in den Kühlschrank und in die Küchenschränke. Die Frau hat keine Beine, der räume ich alles dorthin, wohin sie will, weil sie mir so leidtut, auch wenn ich eigentlich keine Zeit dafür habe." Das Helfen macht Berat sichtlich Freude, er strahlt richtig, während er darüber redet. Aber ob sie nicht lieber etwas anderes arbeiten würden? Beide verneinen das entschlossen. Mit Berats abschließender Begründung endet das Gespräch für mich so, wie es begonnen hat, mit meinem großen Staunen und Bewunderung für die beiden jungen herzlichen Brüder:

> „Wir tun mit dem, was wir da machen, etwas Gutes für die Leute, denn wir bringen ihnen, was sie brauchen. So sehe ich das und deswegen mache ich es so gerne."

WEITERE HINTERGRÜNDE

1,4 Mio. Menschen (22,7% DER PERSONEN IN ERWERBSHAUSHALTEN) LEBTEN 2016 IN EINEM HAUSHALT, DESSEN ARBEITSEINKOMMEN <u>unter</u> der Armutsgefährdungsschwelle LAG.

(EU-SILC 2016 – Einkommen, Armut und Lebensbedingungen)

2016 HATTEN **474.000** Personen (14,9% ALLER BESCHÄFTIGTEN) EINEN STUNDENLOHN VON weniger als 2/3 DES MEDIANSTUNDENLOHNES. **BEI DEN ARMUTS- ODER AUSGRENZUNGSGEFÄHRDETEN** IST DIESER ANTEIL MIT **38,4%** MEHR ALS DOPPELT SO HOCH.

INTERNATIONAL WIRD „anständige Arbeit" U.A. DANACH BEURTEILT, OB DAS **ERWERBSEINKOMMEN/STUNDE ZUMINDEST 2/3 DES BRUTTOMEDIANLOHNS ÜBERSTEIGT.** IN ÖSTERREICH LAG DIESER SCHWELLENWERT 2016 BEI <u>9,50 €/H</u>. BEI EINER 40-STUNDEN-WOCHE ENTSPRICHT DAS **1.645€** BRUTTO MONATLICH, 14 MAL/JAHR.

2016 WAREN **14%** (214.000) der 16- bis 29-Jährigen WEDER IN AUSBILDUNG NOCH HATTEN SIE ARBEIT.

2011 LAG DIE WAHRSCHEINLICHKEIT, DASS EIN 35-jähriger Mann mit Hochschulbildung 90 Jahre oder älter wird, BEI **31,7%**, ABER DIE **ÜBERLEBENSWAHRSCHEINLICHKEIT** FÜR ♂, die keinen weiterführenden Schulabschluss BESITZEN, LAG NUR BEI **14,5%**.

MENSCHEN MIT EINEM HOCHSCHULABSCHLUSS LEBEN IM DURCHSCHNITT UM **4,9 Jahre länger** ALS MENSCHEN, DIE HÖCHSTENS DIE PFLICHTSCHULE ABGESCHLOSSEN HABEN.

5. Kapitel

Aufgezwungene Freiheit

Silje: von der aufgezwungenen Freiheit einer gar nicht so Freien Dienstnehmerin

Silje kocht vor Wut. Sie ist unheimlich enttäuscht. Sie hat es endgültig satt, sich weiter ausbeuten zu lassen. Nur 15 Monate bevor sie ihre Pension antreten kann, hat sie sich nun dafür entschieden, dass sie in einen Arbeitskampf ziehen will. Nicht nur für sich, sondern auch für alle anderen, die in dieser Branche, dieser Unternehmensgruppe, diesem großen Verlagshaus, so unrechtmäßig behandelt und nach Strich und Faden abgezogen werden.

Silje ist eine von vielen gar nicht so freien, unfreiwillig Freien DienstnehmerInnen in ihrem Gewerbe. Dabei hatte sie als Grafikerin einige Jahre sogar richtig gut leben können. Vor allem in den ersten 15 Jahren, nachdem sie 1985 nach Österreich umgezogen war. Die Dänin hatte sich in einen Österreicher verliebt und für ihn ihren Lebensmittelpunkt nach Wien verlegt. Außerdem war es für sie damals ein Kinderspiel, einen guten Job zu finden, im Grunde wurde sogar eher sie gefunden. Es war eigentlich nur ein Besuch bei ihrem heutigen Ehemann und ein kurzes Plaudern mit der Nachbarin notwendig und schon wurde ihr von dieser eine Stelle als Grafikerin bei der Tageszeitung „Der Standard" vermittelt. In Dänemark hatten sie gegenüber Österreich einen ziemlichen Vorsprung im Grafikgewerbe und ihre Kenntnisse des Layoutierens mittels Computerprogrammen waren damals eine durchaus gefragte Seltenheit. Auch als sie ein paar Jahre später beim Kurier-Verlag arbeitete, war für sie noch alles wunderbar und ihr Verdienst gut genug, um sich einen kleinen, aber feinen familiären Wohlstand mit ihrem Mann und ihren zwei Kindern aufzubauen. Aber dann kam alles anders.

> Von einem ehemals adäquaten Verdienst von rund 2.500 Euro netto monatlich bei ihrem heutigen Arbeitgeber ist sie über die Jahre immer weiter abgerutscht. Heute kämpft sie darum, mit nicht einmal mehr 1.000 Euro pro Monat als Freie Dienstnehmerin wider Willen irgendwie durchzukommen.

Zwar hat ihre Geschichte in diesem Medienverlagshaus schon recht dubios begonnen, aber freiberufliche Tätigkeiten sind in den letzten zwanzig Jahren in ihrer Branche zur Gewohnheit geworden. Deswegen hatte sie sich darauf eingelassen. Silje atmet durch, holt aus und erzählt mir, wie alles begonnen hat.

Als sie 2001 in diesem Medienverlag – bei ihrem heutigen Arbeitgeber – zu arbeiten begonnen hatte, wurde ihr erklärt, dass sie für viele unterschiedliche Magazine gebraucht würde und es mit diesen auch unterschiedliche Arbeitsbeziehungen gäbe. Manche würden regelmäßig und auf fester Basis kontinuierlich produziert, bei anderen gäbe es immer wieder unterschiedliche Auftragsvolumen und Schwankungen. Deswegen würde sie einerseits auf Basis von 25 Stunden pro Woche unbefristet angestellt und könne andererseits die restlichen Aufträge auf freiberuflicher Basis abarbeiten. Dies würde das Unternehmen, das mit schwierigen Entwicklungen in der Branche und dem Mediensterben zurechtkommen müsse, entlasten und für sie keine weiteren Nachteile bringen – so wurde ihr das zumindest versprochen. Man sicherte ihr eine fixe monatliche Pauschale zu, auf die sie sich verlassen könne und die so branchenunüblich hoch wäre, dass sie damit in Summe genauso gut verdienen würde, wie wenn sie Vollzeit angestellt wäre. Silje dachte zwar einige Tage darüber nach, ob sie sich auf diese Konstruktion wirklich einlassen sollte, hatte aber bereits in der Vergangenheit und in ihrem Umfeld einige Erfahrungen mit freiberuflichen Projekten gemacht und entschied sich daher dafür, es mit dem Verlag zumindest einmal zu probieren.

Auf Basis eines Freien Dienstvertrages wurde sie also bei einer der Tochterfirmen des Verlags beschäftigt, die im gleichen Gebäude angesiedelt war. In ihrem Arbeitsalltag lief alles glatt, sie hatte ihren fixen Arbeitsplatz, einen Schreibtisch, einen Computer, eine Telefonnebenstelle, eine Mailadresse und eigene Visitenkarten. Meist parallel erledigte sie über die ganze Woche verteilt, quer durcheinander ihre diversen Arbeitsaufträge. Ihr Gehalt kam immer pünktlich und auch ihr zusätzliches Honorar bekam sie regelmäßig am Ende des Monats, stets am gleichen Tag, überwiesen.

ARTDIREKTORIN, ABER OHNE WEIHNACHTSGELD

Dass sie formal bei zwei verschiedenen Dienstgebern beschäftigt war, merkte sie überhaupt nur daran, dass ihr Gehalt von zwei verschiedenen Absendern stammte. Zudem stellte sie einmal im Monat standardmäßig eine Honorarnote über den gleichen Betrag, für die gleiche Leistung an einen der beiden Absender aus. Selbst der zusätzliche Aufwand durch die Selbstversicherung bei der SVA und die Steuererklärung für ihr zweites, formal „selbstständiges" Einkommen hielten sich in Grenzen, da es sich um eine fixe und berechenbare Größe handelte, die sie gut abschätzen konnte. Auch die Arbeitszeiten von Montag bis Freitag, von 10 bis 18 Uhr, waren eigentlich Standard und ihrem Biorhythmus entgegenkommend. Nur hin und wieder, wenn zwei, drei Abgabetermine gleichzeitig anstanden, wurde sie darum gebeten, mal eine Stunde früher ins Büro zu kommen oder ein, zwei Stunden länger zu bleiben. So plätscherten die ersten Monate dahin, sie gestaltete ihre ersten Magazine, lernte ihren fixen Bestand kennen und war stolz darauf, neben ihrem Namen im Impressum die Bezeichnung „Art-Direktorin" zu lesen. Der einziger für sie ärgerliche Moment, den sie aus den ersten zwei Jahren im Verlagshaus in Erinnerung hat, war, als sie an einem Tag im Dezember in dem Großraumbüro, in dem ihr Schreibtisch bis heute steht, ihre Kolleginnen und Kollegen über ihr Weihnachtsgeld reden hörte. Im Gegensatz zu ihr waren sie ordentlich Vollzeit nach Kollektivvertrag angestellt und bekamen ein doppeltes Gehalt. Siljes Sonderzahlung fiel hingegen viel niedriger aus, denn sie erhielt diese ja nur für ihr halbes Gehalt aus der Anstellung. Doch selbst diesen Ärger hatte sie rasch wieder vergessen.

Nach rund vier Jahren begann sich Siljes Lage jedoch langsam zu verändern. Unangekündigt suchte ihr Chef eines Tages das Gespräch mit ihr und bat sie in sein Büro. Nach einigen Floskeln kam er sichtlich unangenehm berührt zum eigentlich Punkt. Die Honorare für ihre Aufträge seien nicht branchenüblich, viel zu hoch, und er bitte sie daher um ihr Verständnis dafür, dass sie für zukünftige Aufträge, die sie neu erhalten würde, nunmehr ein „adäquateres" Stückhonorar erhalten würde. Für die Magazine, für die sie bereits tätig war, würde sie aber weiterhin das vereinbarte Honorar erhalten und dadurch würde sich für sie eigentlich nicht allzu viel verändern, wurde ihr versprochen.

Der Branche ging es damals zunehmend schlechter. Einige Magazine, für die sie in der Vergangenheit tätig war, waren inzwischen bereits abgezogen oder ganz eingestellt worden. Im Monat vor dem Gespräch war Silje 50 Jahre alt geworden und sie machte sich keine großen Illusionen über die Jobchancen, die in ihrem Alter nicht mehr besonders rosig aussahen. Und sie war ja auch bei Weitem nicht die Einzige, der es so erging.

> Wenn sie sich in den Redaktionen umsah, so waren sie inzwischen alle auch mit Freien DienstnehmerInnen wie ihr besetzt.

2007 gab es noch rund 62.600 Freie DienstnehmerInnen in Österreich, erst nach ihrer sozialversicherungsrechtlichen Gleichstellung mit unselbstständigen ArbeitnehmerInnen, wodurch sie von ihren ArbeitgeberInnen voll versichert werden mussten, wurden sie ab 2008 kontinuierlich weniger. Es ist überhaupt die einzige atypische Beschäftigungsform, die aus heutiger Sicht in den letzten zehn Jahren durch eine markante Abnahme geprägt ist – gleich um über 43 Prozent oder rund 26.000 Personen weniger. Alle anderen atypischen Beschäftigungsverhältnisse haben hingegen zugenommen. 2016 gab es nur noch durchschnittlich 32.000 Freie DienstnehmerInnen, davon waren 12.200 Männer und 19.800 Frauen. 41 Prozent dieser Freien Dienstverträge wurden in Wien abgeschlossen, im Vergleich dazu waren in Wien jedoch nur rund 20 Prozent der unselbstständig Erwerbstätigen beschäftigt.[55] Das lässt sich leicht damit erklären, dass zum einen in Wien viele Studierende leben und arbeiten und sich dort zum anderen die Epizentren dessen befinden, wo sich auch heute noch „Freie" gegenseitig die Klinke in die Hand geben: PR-Agenturen, Grafik- und Webdesign-Firmen, Architekturbüros, Medienhäuser, Hochschulen, die Erwachsenenbildung, soziale Einrichtungen, Forschungsinstitute, Theater, Museen, Galerien, Callcenter, um nur ein paar zu nennen. In den meisten Dienstleistungsbereichen sind sie heute durch die Neuen Selbstständigen ersetzt worden. Auch Silje ist seit 2009 eine Neue Selbstständige. Damals aber, zur Zeit von Siljes Gespräch, war so etwas wie die Blütezeit der Freien Dienstverträge und in Branchen wie „Erziehung und Unterricht", „Information und Kommunikation" und dem „Gesundheits- und Sozialwesen" gehörten sie quasi zum Inventar.

LIEBER SCHLECHT BEZAHLT ALS ARBEITSLOS

So entschied sich Silje aus Unsicherheit wieder dafür, sich zu beugen und sich zukünftig bei neuen Aufträgen auch mit niedrigeren Honoraren zufriedenzugeben. Ihre Aufträge änderten sich in den nächsten Jahren schrittweise und wurden doch deutlich schlechter entlohnt.

> Um auf ihrem fixen Gehalt zu bleiben und das Niveau halten zu können, musste sie ihr Arbeitsvolumen stetig erhöhen, aber es ging sich gerade noch irgendwie aus.

Die „branchenüblichen Honorare", auf die sich ihr Chef beim Gespräch bezog, waren nämlich alles andere als ergiebig. Denn obwohl diese zu über 80 Prozent von den „Freien" nicht selbst ausverhandelt wurden, lagen sie zu 51 Prozent unter 20 Euro pro Stunde brutto und bei weiteren 14 Prozent unter 25 Euro pro Stunde brutto. Damit verdienten knapp zwei Drittel dieser Gruppe maximal 12 Euro netto in der Stunde. Gerade in Anbetracht des schon damals überdurchschnittlich hohen Bildungsniveaus von Freien DienstnehmerInnen, 71 Prozent konnten zumindest die Matura oder einen akademischen Grad als höchsten Bildungsabschluss vorweisen, war das in Relation zu unselbstständiger Erwerbsarbeit ein Hungerlohn.[56]

Doch auch die nächste große Veränderung sollte nicht lange auf sich warten lassen, sie ergab sich weitere fünf Jahre später, im Frühling 2012. Wieder wurde Silje unangekündigt ins Büro des Geschäftsführers zitiert und sie fühlte sich schon beim ersten Satz an ihr letztes unangenehmes Gespräch dieser Art erinnert. Aber dieses Mal hatte sie richtige Angst. Die Arbeitslosenzahlen waren seit der Finanzkrise in aller Munde, sie war inzwischen Mitte fünfzig und ihre Kinder erst 17 und 20 Jahre alt und finanziell noch auf sie und ihren Mann angewiesen. Während sie vor ihrem Chef stand und darauf wartete, bis er endlich zum Punkt kommen würde, wäre sie am liebsten aus dem Büro gerannt und hätte sich versteckt. Er holte lange aus und ging ausführlich auf die vergangene und zukünftige Auftragslage des Unternehmens und der Tochterfirmen ein. Schlussendlich schlüsselte er ihr auf, dass sie von den Magazinen, für die sie angestellt war, keine Aufträge mehr erhalten würde, sondern seit geraumer Zeit nur noch für andere Magazine tätig wäre. Diese wiederum seien Teil der Tochterfirmen, für die sie freiberuflich tätig sei. „Es gibt keine Kostenwahrheit mehr zwischen uns", sagte er und folgerte, dass er sie beim ersten Verlag, bei dem sie angestellt war, nun kündigen musste.

Als Silje das Wort Kündigung hörte, verfiel sie regelrecht in einen Schockzustand. Sie hatte mit etwas Schlimmem gerechnet, aber keinesfalls mit dem Schlimmsten. Ihr Herz raste. Als sich der

Geschäftsführer in diesem Moment für ein „dringendes Telefonat" kurz entschuldigte, war sie froh, sich schnell in der nächsten Toilette einsperren und tief durchatmen zu können. Ihr ging ein schreckliches Horrorszenario von bitterer Armut und Hoffnungslosigkeit durch den Kopf, während sie versuchte sich zu beruhigen, um ihrem Vorgesetzten wieder halbwegs gefasst unter die Augen treten zu können. Dieser erschien ihr nach der Unterbrechung wie ausgewechselt. Freundlich und ruhig setzte er wieder an, ihr zu versichern, wie gerne er sie im Unternehmen halten und weiterhin mit ihr zusammenarbeiten würde.

> „Ich möchte Ihnen daher gerne ein Angebot unterbreiten. Zwar ist es uns bei der derzeitigen volatilen Wirtschaftslage nicht möglich, Sie weiterhin als Angestellte zu beschäftigen, weil uns das den notwendigen Freiraum nimmt, um auf Schwankungen reagieren zu können. Aber ich kann Ihnen anbieten, dass Sie weiterhin Aufträge für uns auf freiberuflicher Basis bearbeiten", ergänzte er aufmunternd lächelnd mit sanfter Stimme.

Die Bezahlung würde fortan nur mehr über Stückzahlen und Seitenhonorare erfolgen. Aber sie könnten ja ihren jährlichen Output der letzten Jahre zur Berechnung heranziehen und ermitteln, wie viele Seiten sie dafür produzieren müsste, damit sie wieder ungefähr auf das gleiche Gehalt wie zuvor kommen könnte. Sie einigten sich auf 900 Seiten pro Jahr, damit sie weiterhin rund 60.000 Euro brutto pro Jahr in Rechnung stellen konnte. Aber dies geschah wieder nur unter der Voraussetzung, dass sie für neue Aufträge, die sie erhalten würde, weniger bekommen würde, denn erneut wäre die Bezahlung branchenunüblich und besonders hoch. Trotzdem hatte Silje nach dem Gespräch das Gefühl, noch einmal ihren Kopf aus der Schlinge gezogen zu haben, und war erleichtert.

Zwei Jahre ging das gut. Jedoch erhielt sie mit der Zeit immer weniger alte Aufträge und deswegen auch immer weniger Geld.

Zudem wurden zunehmend Aufträge storniert und sie erhielt trotz geleisteter Arbeit doch kein zusätzliches Honorar, obwohl sie fix damit gerechnet hatte. Sie nahm sich auch keinen richtigen Urlaub mehr, weil sie dann nichts verdienen konnte, sondern arbeitete nur dann nicht mehr, wenn es ohnehin gerade keine Aufträge für sie gab. Immer wieder schleppte sie sich krank zur Arbeit, denn die Verdienstausfälle, die sich durch Krankenstände ergeben, wären am Monatsende zu hoch gewesen. Nur einmal meldete sie sich ab und kündigte an, einen Tag nicht ins Büro kommen zu können, da sie zu einem Begräbnis musste. Prompt wurde ihr einen Tag später von einem empörten Redakteur gesagt, es wäre eine Frechheit gewesen, dass sie nicht im Büro war, wo sie doch wusste, dass ein Drucktermin nahte.

WARTEN AUF DIE PENSION

> Ihr Arbeitsalltag hatte sich nicht verändert, sie saß weiterhin am gleichen Arbeitsplatz, bearbeitete Fotos, setzte Texte und Inserate und gestaltete ganze Magazine. Sie stand auch weiterhin im Impressum, nur, dass sie nun nicht mehr „Art-Direktorin", sondern „Grafik" oder „Gestaltung" neben ihrem Namen las.

Ihre Honorarnoten reichte sie nun nicht mehr monatlich pauschal ein, sondern immer an den Tagen, an denen die jeweiligen Magazine erschienen. Die einzig richtig spürbare Veränderung war jedoch, dass sie für ihre neuen Aufträge inzwischen so viel schlechter entlohnt wurde, dass sie nur noch die Hälfte von dem verdiente, was sie in den Jahren zuvor für die gleiche Arbeit erhalten hatte. Darunter litten neben ihr auch ihr gesamter Haushalt und ihre Familie. Ihrem Mann war es nicht länger möglich, ihr schlechtes Einkommen in ausreichendem Ausmaß zu kompensieren, und sie hatten keine andere Wahl mehr, als ihre Wohnung aufzugeben und in eine viel kleinere Wohnung umzuziehen, die nur halb so viel kostete. Ihre Kinder, damals 19 und 22 Jahre alt, mussten ausziehen. Ihre Tochter, die gerade noch eine Ausbildung zur diplomierten Sozialpädagogin absolvierte, als sie ein Kind bekam, traf das besonders hart, weil sie mit ihrem Baby von der Mindestsicherung leben musste, bis sie wieder arbeiten konnte. Ihr Sohn, der an der Technischen Universität studierte, suchte sich einen Nebenjob als Radkurier für die Essenszustellung, um sich sein Zimmer in einer Wohngemeinschaft selbst zu finanzieren. Und bei diesen Sparmaßnahmen blieb es nicht, auch alle ihre Bausparverträge und Sparbücher mussten sie und ihr Mann auflösen. Selbst alle ihre Versicherungen kündigten sie, als ihnen nichts anderes mehr übrig blieb. In ihrer Verzweiflung erkundigte sich Silje schließlich, wie viel Arbeitslosengeld sie erhalten würde, wenn sie mit ihrer Arbeit im Verlag tatsächlich aufhören und es beantragen würde. Es wären nur rund 1.100 Euro, weil sie nur für ihre Teilzeitanstellung über rund 1.800 Euro netto arbeitslosenversichert war, nicht für ihre „freie" und „selbstständige" Tätigkeit.

Silje wollte unbedingt versuchen bis zu ihrem nahenden Pensionsantritt irgendwie durchzukommen, weil sie sich als bald 60-jährige Frau am Arbeitsmarkt als vollkommen chancenlos sah, jemals wieder einen anderen Job zu finden. Sie hatte zwar im Laufe der Zeit an die hundert Bewerbungen verschickt, aber auf keine einzige auch nur eine Antwort erhalten.

> Sie hatte Angst. Ihr Auto hatten sie verkauft, ihr Mann, der seine Pension bereits antreten konnte, hatte sogar schon den Großteil seiner Abfertigung zur Deckung ihrer laufenden Ausgaben aufgebraucht. Sie hatten ansonsten nichts mehr, keinen Notgroschen und nichts, was sie noch verkaufen konnten.

Sie suchte das Gespräch mit ihrem Chef, erklärte ihm, dass sie in nur 20 Monaten ihre Pension werde antreten können, dass sie sich in einer finanziellen Notlage befanden und sie dringend wieder mehr verdienen musste. Sie flehte ihn an, sie brauchte unbedingt weitere Aufträge, wenn er sich schon weigerte, sie besser zu bezahlen. Er versprach ihr Kompensationsaufträge, die sie nie bekam – bis heute nicht.

ARBEITSKAMPF

> Jetzt sitzt sie mir mit zitternden Händen gegenüber, ist 59 Jahre alt und weiß nicht, wie sie bis zum Sommer 2019 durchkommen soll, wenn sie endlich in Pension gehen kann. „Entweder der Chef macht jetzt was oder ich mache was", beendet sie entschlossen ihre Erzählung.

Und sie ist im Recht. Ihre Schlussfolgerung ist vollkommen richtig, ihr Arbeitgeber hätte sie wirklich nicht so behandeln dürfen und sie hätte sich seinem Wunsch, diese für sie extrem nachträgliche Konstruktion einzugehen, auch nicht beugen müssen. Es war die Angst, die sie gedrängt hat, aber das macht es nicht rechtmäßig. Nach fast 17 Jahren wird sie erstmals darüber aufgeklärt, was es bedeutet, scheinselbstständig zu sein und wie sie sich dagegen wehren kann. Sie erfährt, dass es das Allgemeine Sozialversicherungsgesetz, ihre Arbeitsbedingungen und die tatsächliche Ausgestaltung ihres Arbeitsverhältnisses sind, die entscheiden, ob sie selbstständig oder eine echte Freie Dienstnehmerin ist oder nicht. Auch wenn es ihrem Arbeitgeber wohl anders lieber wäre.

Silje ist eine klassische Scheinselbstständige, sie erfüllt geradezu jedes einzelne Kriterium für eine echte Anstellung, wie ihre angemeldeten Kolleginnen und Kollegen auch. Sie konnte sich ihre Arbeitszeit nicht frei einteilen, sie war weisungsgebunden, wurde kontrolliert, war in den Betrieb eingebunden, hat ihren Computer und alles, was sie zum Arbeiten brauchte, von ihrem Arbeitgeber gestellt bekommen, durfte sich nicht durch Dritte vertreten lassen und wurde in den ersten Jahren nicht nur regelmäßig, sondern auch nach ihrer Arbeitszeit bezahlt. Trotzdem wurden ihr ihre Rechte auf Urlaubs- und Weihnachtsgeld, eine vollwertige soziale Absicherung und bezahlten Urlaub und Krankenstand unrechtmäßig vorenthalten. Sie wurde geprellt.

Aber Silje kann sich wehren. Denn wie ihr Arbeitsverhältnis gelebt wurde ist entscheidend, nicht was in ihrem Vertrag stand. Wenn die Gebietskrankenkasse bei einer von ihr angeregten Überprüfung feststellt, dass es sich bei ihr um eine echte Dienstnehmerin gehandelt hat, kann sie sogar bis zu fünf Jahre rückwirkend angestellt werden. Der Arbeitgeber muss dann nicht nur die Dienstgeber-, sondern auch die Dienstnehmerbeiträge zur Sozialversicherung rückwirkend für die letzten Jahre nachzahlen. Sie wiederum erhält ihre Beiträge, die sie fälschlicherweise an die SVA überwiesen hat, wieder zurück. Vor dem Arbeits- und Sozialgericht kann sie die Differenz zwischen dem, was ihr bezahlt wurde und dem, was ihr laut Kollektivvertrag zugestanden hätte, einfordern. Der Arbeitgeber muss ihr dann nicht nur die Gehaltsdifferenz und die Sonderzahlungen, sondern auch den nicht konsumierten Urlaub und die Überstunden ausbezahlen. Hinzu kommt, dass sie nur 15 Monate vor ihrem Pensionsantritt steht, sich de facto in einem aufrechten Dienstverhältnis befindet und eine Kündigung in ihrem Alter, so kurz vor der Pension, sozialwidrig wäre.

> Bisher galt das Prinzip „Wo kein Kläger, da kein Richter" – aber das wird Silje jetzt ändern und ihr Arbeitgeber wird eine saftige Rechnung dafür präsentiert bekommen, dass er Silje so skrupellos immer weiter ausgenutzt hat.

WEITERE HINTERGRÜNDE

Freie Dienstverträge sind jene Beschäftigungsform, die am häufigsten mit einem anderen atypischen Beschäftigungsmerkmal einhergeht.

38% WAREN **geringfügige Beschäftigungs-VERHÄLTNISSE.**

19% DER FREIEN DIENSTVERTRÄGE WAREN **befristet.**

47,5% HABEN EINEN FREIEN DIENSTVERTRAG **als 2. Erwerbstätigkeit** DAVON 8.000 ♂ UND 7.200 ♀

DARUNTER SIND 85,5% IN DER HAUPTTÄTIGKEIT UNSELBSTSTÄNDIG: 12.900 PERSONEN, DAVON 6.500 ♂ UND 6.400 ♀

RUND DIE HÄLFTE DER PERSONEN MIT FREIEM DIENSTVERTRAG WAR ZUDEM UNTER 35 JAHRE ALT, BEI EINEM ANTEIL DIESER ALTERSGRUPPE AN DEN UNSELBST-STÄNDIG BESCHÄFTIG-TEN VON LEDIGLICH 38%.

10.200 FREIE DIENSTNEHMERiNNEN WAREN **über 50** JAHRE ALT.

16.200 FREIE DIENSTNEHMERiNNEN WAREN **unter 35** JAHRE ALT.

6.500 FREIE DIENSTNEHMERiNNEN WAREN **über 55** JAHRE ALT.

(Statistik Austria, Atypische Beschäftigung im Jahr 2015 und im Verlauf der Wirtschaftskrise)

FREIE DIENSTNEHMERiNNEN:

25.900
mit österreichischer Staatszugehörigkeit

6.200
mit einer nicht-österreichischen Staatszugehörigkeit

24.800
hatten keinen Migrationshintergrund

7.200
hatten Migrationshintergrund

11.500
HATTEN EINE HÖHERE SCHULE ABGESCHLOSSEN,

11.800
HATTEN EINEN HOCHSCHULABSCHLUSS

UND NUR ## 3.200
HATTEN EINEN LEHRABSCHLUSS.

2016 HABEN FREIE DIENSTNEHMERiNNEN

RUND **29,1 Millionen Arbeitsstunden** GELEISTET:

DAVON 12 Millionen IN TEILZEIT,
12,4 Millionen IN VOLLZEIT,
4,7 Millionen IN ZWEITER BERUFLICHER TÄTIGKEIT.

NACH GESCHLECHT:

11,8 MILLIONEN ♂ 4,7 MILLIONEN TEILZEIT
2,7 MILLIONEN IN ZWEITER BERUFLICHER TÄTIGKEIT

17,3 MILLIONEN ♀ 7,4 MILLIONEN TEILZEIT
2,1 MILLIONEN IN ZWEITER BERUFLICHER TÄTIGKEIT

6. Kapitel

Leben mit Befristung, alles für die Wissenschaft

Marlene: Leben mit Befristung, alles für die Wissenschaft

Es war nicht einfach, mit Marlene einen Termin zu finden, denn Zeit ist etwas, wovon sie grundsätzlich zu wenig hat. Scheinbar wie in einem Laufrad gefangen, läuft sie der Zeit ständig hinterher, weil es immer eine Frist gibt, die sie einhalten muss, während die Arbeit auf ihrem Tisch einfach nicht weniger wird. Um die Stapel von Seminararbeiten, Prüfungsbögen und begleitender Literatur zu bewältigen, die zu ihren ständigen Begleitern zählen, muss sie sehr diszipliniert leben. Ihre Tage sind durch Ordnung, Disziplin und Ausdauer gekennzeichnet. Sechs Tage die Woche, montags bis samstags immer von 10 bis 19 Uhr, ist sie in der Universitätsbibliothek, um zu arbeiten.

Sie geht dorthin und setzt sich zwischen Dutzende Studierende, weil sie kein Büro hat und auf diese Weise zumindest ein bisschen „Work-Life-Balance" in ihren Alltag bringen will. Würde sie ausschließlich von Zuhause aus arbeiten, wäre die Sphäre des Privaten und der Freizeit für sie völlig verloren. Unterbrechungen dieser Routine stellen nur die Lehrveranstaltungen, lange Wegzeiten zwischen den Bundesländern und andere berufliche Termine dar. Für mich und unser Gespräch an einem Samstagvormittag kurz vor Ende des Wintersemesters hat sie sich trotzdem extra Zeit genommen. Sie sieht müde aus, als sie mich bei der Begrüßung freundlich zurückhaltend anlächelt.

Zwölf Jahre lang gehe das bei ihr nun schon so, erzählt sie. Ein Lehrauftrag folgt dem nächsten, während sie wie am Fließband für das kommende Semester wieder neue Bewerbungen schreiben muss. Zwischendurch konnte sie für ein paar Monate einzelne Forschungsprojekte ergattern. Außerdem schreibt sie an ihren wissenschaftlichen Publikationen, die für eine Wissenschaftskarriere unverzichtbar sind. Für Stellen außerhalb des Hochschulbetriebes bekam sie trotz regelmäßiger Bewerbungen in den letzten zehn Jahren nur Absagen. Sie wäre überqualifiziert, hieß es, oder dass sie nur etwas für zwischendurch suchen würde und bei der nächstbesten Gelegenheit an die Universität zurückkehren wolle. Auch, dass sie keine praktische Erfahrung hätte, sondern ausschließlich theoretische Expertise vorweisen könne, gehört zu den üblichen Gründen, die ihr für die Absagen genannt werden.

> „Man gerät in eine Lage, aus der man später nicht mehr herauskommt. Man kann wirklich nur noch schwer außerhalb des Hochschulbetriebes arbeiten. Es findet nach und nach ein Schließungsprozess statt. Mittlerweile habe ich einen Lebenslauf, mit dem ich auf den ersten Blick rausfliege", erzählt Marlene nüchtern, aber mit hängenden Schultern.

Sie ist sich ihrer festgefahrenen Situation bewusst und weiß auch, dass sie mit ihrer Lage alles andere als allein dasteht. Im Gegenteil, alles an ihren Arbeitsbedingungen ist absolut typisch für eine wissenschaftliche Laufbahn in Österreich, das gesamte Universitätssystem baut darauf auf.

Den Großteil des Lehrangebots stellt der sogenannte akademische Mittelbau, der im Schnitt zu über einem Drittel aus wissenschaftlichen AssistentInnen, über einem Viertel aus drittmittelfinanzierten ProjektmitarbeiterInnen und zu einem weiteren Viertel aus LektorInnen, DozentInnen und studentischen MitarbeiterInnen besteht. Von den insgesamt rund 56.600 Beschäftigten an Universitäten waren im Wintersemester 2016 kaum 2.500 Personen, also nur ein Bruchteil, gut bezahlte und abgesicherte ProfessorInnen, sie stellen nur elf Prozent des wissenschaftlichen Personals. Ihre Altersstruktur spricht Bände: Nur vier Prozent sind unter 40 Jahre jung, der Großteil ist zwischen 50 und 60 Jahre alt.[57] Fast zwei Drittel aller Universitätsbeschäftigten haben nur einen befristeten Dienstvertrag. Im Bereich des wissenschaftlichen Personals waren Ende 2016 sogar knapp 80 Prozent aller Beschäftigungsverhältnisse befristet. Erschwerend hinzu kommt, dass die Dienstverträge in der Regel nicht nur befristet sind, sondern zudem nur ein geringes Beschäftigungsausmaß umfassen. Nur knapp ein Drittel der Beschäftigten kommt einer Vollzeitanstellung nahe, der Großteil ist im Beschäftigungsausmaß von rund 50 Prozent angestellt. Rund sieben Prozent haben überhaupt nur einen freien Dienstvertrag und sind gar nicht angestellt.[58]

EINE TYPISCH ATYPISCHE LAUFBAHN

Marlene ist ein Paradebeispiel für die Beschäftigten dieses universitären Mittelbaus. Sie ist 39 Jahre alt, in Vorarlberg geboren und aufgewachsen und eine bescheidene und bodenständige Person. „Dass ich jemals im Wissenschaftsbetrieb landen werde, war für mich überhaupt nie ein Thema. Ich habe mir auch nie gedacht, dass ich einmal das Doktorat absolvieren würde. Meine Eltern haben beide nie eine höhere Schule von innen gesehen und es war nur einer Reihe von Zufällen geschuldet, dass es bei mir anders gelaufen ist", erzählt sie zurückhaltend. Begonnen hat sie das Studium eigentlich vor allem für die Möglichkeit zur Mitversicherung bei ihren Eltern, weil sie damals nur als Freie Dienstnehmerin ohne Versicherungsschutz gearbeitet hat.

Ihr Diplomstudium der Geografie hat sie in Klagenfurt absolviert, wo sie die Gelegenheit hatte, mietfrei bei einer Verwandten zu wohnen. Sie kommt nicht aus wohlhabenden Verhältnissen und musste während ihres gesamten Studiums arbeiten. Die Studienbeihilfe war zu gering, als dass sie damit ihren Lebensunterhalt hätte bestreiten können. Ihr Studium musste sie sich ohne die Hilfe ihrer Eltern finanzieren, denn ihre Mutter und ihr Vater verfügten nicht über die monetären Möglichkeiten, um sie zu unterstützen. Die längste Zeit war sie auf Werkvertragsbasis tätig, als persönliche Assistentin von Menschen mit Behinderung, und hat diese bei ihren Wegen zu medizinischen Untersuchungen oder bei Behördengängen begleitet. Nur durch eine frühere Unterstützungsleistung des AMS, das sogenannte Akademikertraining, war es ihr möglich, für ihr Doktorat in Soziologie nach Wien umzuziehen. Erst dort und mithilfe eines Stipendiums für ihre Dissertation hat sie vergleichsweise spät, mit Mitte zwanzig, begonnen im Wissenschaftsbetrieb zu arbeiten.

Doch insbesondere für Frauen ist eine Laufbahn an der Universität nur schwer zu verwirklichen, sie haben es noch schwerer als ihre männlichen Wissenschaftskollegen. Zwar liegt ihr Anteil beim wissenschaftlichen Personal im Mittelbau inzwischen bei rund 40 Prozent, bei ProfessorInnen hingegen sind es nur knapp 20 Prozent. Auch ihre Verträge sind zu 82 Prozent befristet, im Unterschied zu jenen der Männer, die „nur" zu 75 Prozent befristet arbeiten müssen. Vom universitären Eliteprogramm, den sogenannten Laufbahnstellen, die kaum für sechs Prozent der Beschäftigten offenstehen und welche als einzige abseits der Professuren an Universitäten ein wenig Sicherheit bieten, entfielen ebenfalls nur rund 35 Prozent auf Frauen. Selbst unter den neuen Berufungen für Professuren stellen sie nur 37 Prozent.[59]

> Seit ihrem Einstieg in den Wissenschaftsbetrieb hatte sie, soweit sie sich erinnern kann, allein mit der Universität Wien rund 16 verschiedene Vertragsverhältnisse hintereinander und teilweise auch parallel, stets mit zwischenzeitigen Unterbrechungen.

Anders als in der Privatwirtschaft sind Kettenverträge – ausgenommen die der studentischen MitarbeiterInnen – an Universitäten zwar rechtlich zulässig, aber reglementiert. Im Falle eines neuen Lehr- und Forschungsauftrags von wissenschaftlichen MitarbeiterInnen sind zwei Befristungen bis zu einer Gesamtdauer von maximal acht Jahren erlaubt. Dabei darf aber die Höchstgrenze von maximal zwölf Jahren insgesamt nicht überschritten werden. Das bedeutet, selbst wenn es Marlene geschafft hätte, längere Verträge an der gleichen Universität zu ergattern, hätte sie spätestens nach zwölf Jahren für ein paar Jahre an eine andere Universität wechseln müssen.

Zwölf ihrer Verträge waren Lehraufträge, der Rest waren Stellen im Rahmen von Forschungsprojekten, die jeweils über drei bis neun Monate gingen. Außerdem hatte sie eine einjährige Projektstelle an der Universität Salzburg mit vier oder fünf Lehraufträgen, einige weitere Lehraufträge an der Universität in Klagenfurt und seit einigen Jahren auch Lehraufträge an der Fachhochschule Linz. Das war und ist notwendig, weil ein Lehrauftrag natürlich nicht zum Überleben reicht und sie sich ohne Forschungsstelle um mindestens vier Lehraufträge pro Semester bemühen muss, um halbwegs gut über die Runden zu kommen.

„Dann ist es zwar immer noch knapp, aber wenn du noch ein paar kleinere Aufträge und Werkverträge bekommst, dann geht es sich mit dem Geld gerade so aus", erklärt sie ihre Situation.

> Eine Lehrveranstaltung, die sie allein abhält und sich nicht mit einer Kollegin oder einem Kollegen teilt, bringt ihr an einer Universität rund 400 Euro pro Monat ein.

Die Fachhochschulen zahlen umgerechnet mit circa 320 Euro ein bisschen weniger und schließen Verträge, im Gegensatz zu den Universitäten, auch ausschließlich auf nur fünf Monate befristet ab. Das hat die Konsequenz, dass man dort selbst bei aufeinanderfolgenden Lehraufträgen nie durchgehend angemeldet und versichert sein kann. Diesen einen Monat zwischen zwei Verträgen an der Fachhochschule müssen sich die externen Lehrenden wie Marlene arbeitslos melden, wenn sie gerade keine andere Lehrveranstaltung an der Universität abhalten. Bei einer geteilten Lehrveranstaltung, die zu zweit oder manchmal sogar zu dritt abgehalten wird, müssen sich die LektorInnen die Vergütung für die Lehrveranstaltung untereinander nach eigenem Ermessen aufteilen – dann bleibt Marlene noch weniger. Aktuell hält sie drei Lehrveranstaltungen an der FH Linz und eine an der Uni Salzburg ab. Die langen Fahrtzeiten jede Woche stellen nicht nur aufgrund der Anstrengung und des Zeitverlusts eine hohe Belastung dar, sondern auch wegen der Fahrtkosten, die ihr ohnehin sehr knappes Budget empfindlich stören.

Marlene arbeitet konstant 50 bis 60 Stunden pro Woche, weil jede einzelne ihrer Lehrveranstaltungen unheimlich viel Zeit frisst und bei Weitem nicht nur aus ihrer Arbeit in den Hörsälen und Seminarräumen besteht. Ihre Tage verbringt sie mit Literaturvorbereitung, dem Verfassen von Skripten, der Erstellung und Benotung von Prüfungsbögen, dem Korrigieren der vielen Seminararbeiten und der Beantwortung von unzähligen Mails ihrer Studierenden. Eine Lehrveranstaltung besteht aus 14 Lehreinheiten pro Semester, allein mit der Vor- und Nachbereitung einer solchen 90-minütigen Lehreinheit ist sie schon rund 40 Stunden beschäftigt. Damit sich dieser Aufwand für sie halbwegs rechnet und sie zumindest nicht jedes Mal alle Unterlagen und Folien von neuem vorbereiten muss, sollte sie eine Lehrveranstaltung daher über drei bis vier Semester hintereinander abhalten können. Seminare wie beispielsweise „Einführung in wissenschaftliches Arbeiten" an Fachhochschulen könnte man in der Theorie auch über fünf, sechs oder sogar zehn Jahre abhalten.

IN DER AKADEMISCHEN RESERVEARMEE

Aber da Lehraufträge jederzeit neu vergeben werden dürfen und neue ProfessorInnen sich gerne selbst neues Personal aussuchen, ist es eine Frage des Glücks, ob ihr das gelingt, und nicht planbar. Sie fühlt sich als Teil einer immer verfügbaren „akademischen Reservearmee" für Karenzvertretungen und wenn Lehrende kurzfristig ausfallen. Das akademische Kapital, das sie dringend zum Überleben im Wissenschaftsbetrieb braucht, ist allerdings nicht ihre Lehrtätigkeit. „Um an neue Jobs, Forschungsprojekte und

Lehraufträge zu kommen, musst du publizieren, publizieren, publizieren – und das ohne Unterbrechung, sonst bist du draußen. Das bedeutet, du kriegst nie wieder ein Projekt durch und kannst ohne gewisse vorherige Publikationen nicht einmal mehr Anträge für Förderungen stellen", erklärt sie weiter. Außerdem braucht es regelmäßige Vortragstätigkeiten bei wissenschaftlichen Konferenzen um weiter zu kommen, am besten internationale Konferenzen.

Aber die Arbeit in der Lehre ist nicht dazu gedacht, dass publiziert werden kann, genauso wie Marlene die Konferenzteilnahmen unmöglich privat finanzieren kann, weil das viel zu teuer für sie wäre. In den Sommer- und Semesterferien und auch sonst muss sie daher jede Woche mit Spielraum nutzen, um zu publizieren. Der Fonds zur Förderung der wissenschaftlichen Forschung ist so stark unterfinanziert, dass es kaum Förderungen gibt, selbst noch so gut erstellte und sinnvolle Projektanträge werden aus Geldmangel allzu oft abgelehnt.

Trotz allem beschreibt Marlene ihr Arbeitsleben als absolut privilegiert. Ihr ist es wichtig zu betonen, dass es andere Menschen noch viel schwerer haben als sie selbst. „Weil ich meine Zeit frei gestalten kann und mich Themen in der Tiefe widmen kann, die mich interessieren. Weil ich es mir leisten kann", wie sie sagt. Sie hat damit nicht unrecht. Die prekäre Arbeitssituation der Beschäftigten im Wissenschaftsbetrieb ist zwar in vielen Punkten für sich beispiellos, aber befristete Arbeitsverträge und die damit einhergehende Unsicherheit sind nicht nur ein Problem einer verhältnismäßig kleinen Gruppe von Beschäftigten in der Wissenschaft und Forschung.

Sie sind nur die sichtbare Spitze des Eisbergs, denn befristete Dienstverträge haben seit der Finanzkrise 2008, mit 16,5 Prozent aller Arbeitsverhältnisse, auch in der Privatwirtschaft stark zugenommen. Nach Teilzeitarbeit und geringfügiger Beschäftigung ist es die Form der „atypischen" Beschäftigung mit dem höchsten

Wachstum. 2016 waren 219.300 Personen in Österreich in befristeten Dienstverhältnissen, was nicht ganz sechs Prozent aller unselbstständig Erwerbstätigen entspricht.[60] Wie bei fast jeder atypischen Beschäftigungsform sind Frauen in höherem Ausmaß betroffen als Männer. Jede dritte Befristung, um genau zu sein 41 Prozent, entfällt auf junge Beschäftigte im Alter zwischen 19 und 30 Jahren, obwohl diese nur 21 Prozent aller unselbstständig Beschäftigten ausmachen. Besonders häufig kommen Befristungen in der Branche Erziehung und Unterricht, der Hotellerie und Gastronomie, dem Gesundheits- und Sozialwesen sowie im Kunst- und Unterhaltungssektor vor.

Vom touristisch geprägten Tirol, mit einem besonders hohen Anteil an Befristungen, bis zum dienstleistungsdominierten Wien machen sie weder vor Land noch Stadt halt. Und anders, als es das Versprechen eines hohen Bildungsabschlusses als Garant für einen sicheren Arbeitsplatz verheißt, sind AkademikerInnen mit über elf Prozent doppelt so häufig nur befristet beschäftigt wie unselbstständig Erwerbstätige insgesamt.[61] Gerade für junge AkademikerInnen wie Marlene ist es also auch in der Privatwirtschaft zunehmend schwer, ein unbefristetes, solides Arbeitsverhältnis zu finden. „Ich habe keine Unterhaltspflichten, ich muss nicht jeden Monat 1.500 Euro nach Hause bringen und meinen Lebenswandel kann ich recht weit nach unten schrauben. Es ist ein Stück weit freiwillig, weil ich mit zwei anderen Personen in einer billigen Wohngemeinschaft in einem äußeren Stadtbezirk wohne und nicht viel Geld brauche", relativiert sie ihre Lage weiter.

KINDERLOSE AKADEMISCHE WELT

Ein Leben an der Armutsschwelle stellt für Marlene jedoch die Normalität dar. Ein paar Monate lang schafft sie es laut eigenen Angaben, mit nur 900 Euro pro Monat über die Runden zu kommen. Sie spart in dieser Zeit dann an allem, selbst beim Essen dreht sie jeden Euro zweimal um und isst ausschließlich zu Hause selbst Zubereitetes. Eine Mahlzeit auswärts würde bereits ihr Budget sprengen. Sie räumt ein, dass ihre Lebensführung wohl für viele Menschen wenig erstrebenswert und kaum vorstellbar ist. Sie wirkt abgeklärt, als sie ergänzt:

> „Es ist völlig klar, dass ich es mir nicht leisten könnte, ein Kind zu bekommen. Es ginge einfach nicht.
>
> Ich bemühe mich zwar darum. wo anders unterzukommen, aber ich bekomme nichts. Ich könnte mir den Luxus Kind also gar nicht leisten. Es ist ein Zwischenzustand, zwischen einer freien Entscheidung für den Job und für diese Stellen und andererseits ist es mir auch aufgezwungen."

Als in diesem Moment der Kellner an unseren Tisch kommt und weitere Getränke serviert, atmen wir beide kurz auf. Marlene war sichtlich darum bemüht, keine bedrückte Stimmung aufkommen zu lassen, Mein Eindruck war, dass sie über ihre Lage zwar offen sprechen, aber keinesfalls jammern oder sich beschweren wollte. Angesichts der ähnlichen Arbeitsbedingungen an deutschen und österreichischen Hochschulen überrascht es nicht, dass nur zwölf Prozent der kinderlosen Promovierenden oder Post-DoktorandInnen an deutschen Hochschulen und Forschungseinrichtungen angaben, keinen Kinderwunsch zu haben. Berufliche Gründe wurden als zentral für das Aufschieben von Kinderwünschen genannt.[62] Auch eine Umfrage der deutschen Bildungsgewerkschaft GEW hat ergeben, dass etwa 49 Prozent der Frauen und 42 Prozent der Männer im akademischen Bereich kinderlos bleiben.

Zukünftig scheint es nicht leichter zu werden, der Wunsch der Universitäten nach fast unbegrenzter Flexibilität spricht dagegen. Für das kommende Sommersemester hat Marlene einen kleinen Lehrauftrag mit nur wenigen Stunden an der FH Linz, einen halben an der Uni Salzburg und einen weiteren an der Uni Wien. Mit den nicht ganz drei Lehrveranstaltungen wird es sehr eng bei ihr werden und so ist sie immer noch auf der Suche nach weiteren Aufträgen. Erst im Dezember kommen die Zu- oder Absagen für das Sommersemester ab März, bis dahin hängt sie weiter in der Luft. Im schlimmsten Fall kommt es gar vor, dass sich erst mit Ende der Anmeldephase im März herausstellt, dass die Lehrveranstaltung nicht zustande kommt, weil es nicht genügend Anmeldungen gibt und ganz kurzfristig abgesagt werden muss – dann haben WissensarbeiterInnen wirklich ein Problem.

> Es ist kurz vor Semesterschluss, heute ist Samstag und Marlene wird nach unserem Gespräch wieder in die Bibliothek gehen und das ganze Wochenende durcharbeiten.

Auf sie warten 12 bis 15 Seiten lange Seminararbeiten von rund 20 Studierenden, ein paar Hundert Seiten, die sie bis zur Feedbackrunde nächste Woche noch lesen muss, und Tests von circa 45 ungeduldigen Prüflingen. Im Wintersemester 2016 entfielen auf eine Professur durchschnittlich 117,9 ordentliche Studierende. Umgelegt auf das gesamte Lehrpersonal ergeben sich über 20 Studierende je Lehrperson.[63] „Ich möchte die Inhalte gerne gut vermitteln, kompetent sein und den Studierenden zur Verfügung stehen. Ich lege Wert auf eine hochwertige didaktische Vermittlung und deswegen beantworte ich jetzt zum Schluss auch rund um die Uhr ihre Mails", sagt sie abschließend entschuldigend zu mir, weil sie sich gerne länger für mich Zeit genommen hätte.

WEITERE HINTERGRÜNDE

(Universitätsbericht 2017)

RUND **56.600 Personen** WAREN IM WINTERSEMESTER 2016 AN DEN UNIVERSITÄTEN BESCHÄFTIGT. DER **Frauenanteil** LAG MIT **48%** KNAPP UNTER DER 1/2 ALLER BESCHÄFTIGTEN.

AUF 56.546 PERSONEN, DIE ZUM JAHRESENDE 2016 AN DEN 22 UNIVERSITÄTEN BESCHÄFTIGT WAREN, KAMEN IN SUMME **59.701 Beschäftigungsverhältnisse**.

DER **Frauenanteil** LAG BEI **Professuren** MIT **22,5%** DEUTLICH UNTER DEM FRAUENANTEIL BEI DEN ZEITLICH BEFRISTETEN PROFESSUREN (31,6%).

NUR KNAPP **3%** DER LEHRBEAUFTRAGTEN WAREN LAUT MELDUNG DER UNIVERSITÄTEN IN EINEM UNBEFRISTETEN ARBEITSVERHÄLTNIS BESCHÄFTIGT.

DIE **Anzahl der LektorInnen** IST VOM WINTERSEMESTER 2013 BIS ZUM WINTERSEMESTER 2016 UM 3,1% AUF 10.061 GEWACHSEN, DER **Frauenanteil** LIEGT STABIL BEI **40%.**

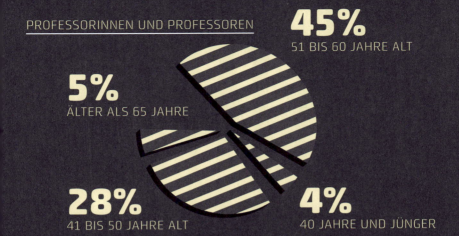

PROFESSORINNEN UND PROFESSOREN

45% 51 BIS 60 JAHRE ALT

5% ÄLTER ALS 65 JAHRE

28% 41 BIS 50 JAHRE ALT

4% 40 JAHRE UND JÜNGER

NUR **29%** ♀ Berufungen AUF EINE Professur

DIE Personalkapazität, ALS SUMME DER BESCHÄFTIGUNGSAUSMASSE ALLER LEHRBEAUFTRAGTEN, LAG ENDE 2016 BEI **1.390 Vollzeitäquivalenten.** Dies entspricht einem durchschnittlichen Beschäftigungsausmaß von nur 0,14 VZÄ pro Universitätslektorin bzw. Universitätslektor.

BEI ALLEN HOCHSCHULEN ZEIGT SICH EIN **Entwicklungstrend** IN RICHTUNG **befristete Beschäftigungsverhältnisse.** ENDE 2016 KAMEN AUF EINE UNBEFRISTETE STELLE BEREITS 2 BEFRISTETE STELLEN.

7. Kapitel

EPU oder Tagelöhner?

Ercan, der Paketbote: EPU oder miese Schufterei als Tagelöhner?

Im folgenden Bericht geht es um Ercan, der als Paketbote arbeitet. Bei der Arbeit trägt er ein gelbes Oberteil mit dem Logo der österreichischen Post und eine gelbschwarze Jacke mit einem großen Posthorn darauf. Wenn man ihn auf der Straße sieht, hält man ihn unzweifelhaft für einen Postboten. Aber Ercan arbeitet nicht bei der Post, genau genommen hat er mit der Post überhaupt nichts zu tun. Selbst für den Frächter, der für die Post die Logistik übernimmt und einen Teil der Pakete ausliefert, arbeitet er im Prinzip nicht. Denn er ist eines der knapp 300.000 „Ein-Personen-Unternehmen" in Österreich, ein sogenannter Neuer Selbstständiger.[64] Er ist Subunternehmer im freien Kleintransportgewerbe, für das es keine Gewerbeberechtigung braucht. Er übernimmt Aufträge eines Frächters, der wiederum Aufträge für die Post übernimmt – so erwirtschaftet er 45 Cent Umsatz pro Paket, das er zustellt. Er hasst seinen Job, er leidet darunter und er will ihn nur noch hinschmeißen. Er wollte sich bei mir alles von der Seele reden, weil es ihm reicht. Minutiös hat er mir in seiner Wut den Alltag geschildert, der in den letzten drei Jahren als Paketbote sein Leben bestimmt hat.

An sechs Tagen pro Woche, von Montag bis Samstag, läutet sein Handywecker um 3.30 Uhr morgens, um 4 Uhr bricht er zur Arbeit auf. Sein Arbeitsweg von Baden bis nach Gerasdorf dauert eine Stunde. Dienstbeginn am Förderband ist um 5 Uhr morgens, in einer schäbigen, dreckigen, stinkenden und unbeheizten Lagerhalle. Im Winter frieren einem dort die Finger ab, im Sommer ist es brennheiß und stickig. Dort folgen eineinhalb bis zwei Stunden, in denen die Pakete mit den richtigen Nummern vom Förderband gehoben und sortiert werden müssen. Wie am

Flughafen fahren die Pakete an einem vorbei, bis eines dabei ist, das zur eigenen Lieferroute gehört. Wenn die Pakete falsch liegen, müssen sie gedreht werden, damit man sie aussortieren kann. Das hört sich zwar vielleicht recht unproblematisch an, ist es aber nicht, wenn man bedenkt, dass die Pakete bis zu 35 Kilo wiegen. Ercan sagt dazu trocken:

> „Ohne Kreuzschmerzen kann man diese Arbeit nicht machen und man braucht viel Kraft. Deswegen arbeiten unter den circa 30 Kollegen dort auch nur zwei Frauen, die haben es noch viel härter."

Danach muss er im Freien, bei Wind und Wetter, seinen kleinen Transporter mit den Paketen für die ihm zugewiesenen Bezirke beladen. Für die Rodel, die er dabei verwendet, ist er ebenso selbst verantwortlich wie für den Transporter, den er fährt. Erst wenn er auf der Straße ist, kann er endlich damit beginnen Geld zu verdienen, denn er wird ja nicht nach seiner Arbeitszeit bezahlt, sondern nach der Summe der Pakete, die er zustellt. Er würde mir die Lagerhalle gerne zeigen, damit ich mir ein Bild von den furchtbaren Zuständen dort machen kann. In den kommenden Tagen wird er mir zumindest ein Video davon schicken. Was ich zu sehen bekomme, erschreckt mich: Der Boden ist mit Schmutz und Glasscherben von den teilweise gesprungenen Fensterscheiben übersät, die Beleuchtung spärlich, Sitzgelegenheiten oder Waschbecken mit fließendem Wasser sind nicht vorhanden. Nicht einmal Toiletten für die Notdurft gibt es. Das erklärt wohl den Gestank in der Halle, von dem mir Ercan berichtet.

Zwischen 7 und 8 Uhr fährt er die ersten seiner 30 bis 80 Straßen und Gassen in Niederösterreich ab. Er hat wie die meisten Paketboten inzwischen eine Stammtour, die er in- und auswendig kennt. Zwischendurch müssen aber auch immer wieder unliebsame Einsätze als SpringerIn übernommen werden, wenn FahrerInnen ausfallen. Eine Stammtour zu haben ist von hoher

Wichtigkeit für die Paketbotinnen und -boten, denn wer seine Route und die dazugehörigen Adressen bereits kennt, ist um durchschnittlich 16 Uhr damit fertig. Neue FahrerInnen oder solche, die eine neue Route bekommen haben, sind dagegen oft bis 20 Uhr abends unterwegs – weil nicht alle Türnummern und Namen sichtbar angeschrieben sind, eine Einbahn dazwischenkommt, mit der man nicht gerechnet hat, oder man eine kleine Gasse nicht gleich findet. Ercan war erst 21 Jahre alt, als er als Paketbote zu arbeiten begonnen hat, und konnte es in den ersten Monaten noch ganz gut wegstecken, wenn er bis 20 Uhr abends gebraucht hat, bis er alle seine 150 Pakete pro Schicht zugestellt hatte. Nach einem halben Jahr kannte er die Straßen, Hausnummern und Parkplätze so gut, dass er inzwischen statt 16 nur noch 12 Stunden dafür benötigt und ohne Pausen hin und wieder schon gegen 16 Uhr damit fertig ist. Er hat aber zunehmend Probleme mit den langen Arbeitszeiten. Nach zwölf Stunden ist er bereits komplett erledigt und will sich nur noch zu Hause hinlegen, jede weitere Stunde schmerzt ihn, im wahrsten Sinne des Wortes. Der Rücken, die Hände, die Beine, nahezu jede Faser seines Körpers beginnt sich nach so einem Tag bemerkbar zu machen. Nach Absolvierung seiner Route muss er aber noch zur Postfiliale, um die Pakete abzugeben, die nicht zustellbar waren, weil niemand da war – und um abzurechnen, was er kassiert hat. Es wird darauf bestanden, dass die Paketbotinnen und -boten auch diesen Arbeitsschritt noch am gleichen Tag leisten. Selbst, wenn das ihre ohnehin schon skandalös lange Arbeitszeit um weitere rund 30 Minuten verlängert.

Gefürchtet bei der täglichen Abrechnung sind auch die drohenden Pönale. Paketbotinnen und -boten, die ihre Uniform bei der Arbeit nicht getragen haben, werden sanktioniert, indem ihnen zehn Euro Strafzahlung vom Tageshonorar abgezogen werden. Für EMS-Pakete, die nicht vor 12 Uhr mittags zugestellt werden konnten, werden ihnen 50 Euro abgezogen und für Pakete, die zweimal zugestellt werden müssen, gibt es ebenfalls Strafzahlungen. Auch wer seine Fuhr nicht zur Gänze zugestellt hat, bekommt ein Problem. Für jedes einzelne Paket, das nicht zugestellt oder übersehen wurde, werden nämlich weitere zehn Euro vom Honorar abgezogen.

> „Wer seinen Job nicht verlieren will, der muss es schaffen, mindestens 150 Pakete pro Tag zuzustellen", erklärt Ercan weiter. Für diese 150 Pakete bekommt man an einem Arbeitstag rund 75 Euro – aber eben nur theoretisch, denn durch Strafzahlungen kann man unverhofft um einen halben Tageslohn umfallen.

Bei einem Stücklohn von nur 45 Cent pro Paket braucht es zwar lange, um 50 Euro zu verdienen, aber es geht ganz schnell, sie wieder zu verlieren. Zu den mickrigen 75 Euro Tageshonorar kommen, wenn Ercan Glück hat, noch weitere drei bis vier Euro Trinkgeld hinzu. Deswegen geht er an einem starken Tag von Dienstag bis Freitag mit rund 80 Euro nach Hause. An Montagen und Samstagen werden allerdings weniger Pakete verteilt, „da ist man dann zwar genauso lange unterwegs, weil man die gleiche Tour fährt, aber man verdient nur halb so viel", begründet er seinen besonderen Frust über die Samstagsdienste.

Für ihn ist es unverständlich, warum sie alle sechs Tage die Woche schuften müssen, wo am Wochenende doch ohnehin nur so wenige Pakete aufgegeben werden und sie mit fünf Arbeitstagen schon unter einer 65-Stunden-Woche leiden. Aber da er und der Großteil seiner Kolleginnen und Kollegen als Selbstständige gelten, gilt für sie auch kein Arbeitszeitgesetz oder Kollektivvertrag und somit keine Höchstarbeitszeit. Die Konsequenz daraus ist für sie nicht selten, dass sie schuften müssen bis zum Umfallen, weswegen ihre wöchentliche Arbeitszeit mit 48,6 Stunden im Mittel um mehr als zehn Stunden höher ist, als die von unselbstständig Beschäftigten.[65]

Nach seinen harten Arbeitstagen kann er sich kaum mehr auf den Beinen halten. Er versucht, so rasch wie möglich nach Hause zu kommen, aber bei dem abendlichen Verkehr auf der Tangente benötigt er für die Heimfahrt weitere eineinhalb Stunden. Zu Hause angekommen, legt er sich sofort hin und schläft, bis nur acht Stunden später sein Handywecker wieder läutet, er zur nächsten Schicht muss und alles wieder von vorne beginnt. „Man muss jung und fit sein, sonst schafft man das nicht", erzählt er und erklärt damit auch gleichzeitig, warum er den Job einfach nicht mehr ausgehalten hat.

> „Für einen Hungerlohn von knapp 400 Euro brutto wöchentlich arbeitet man sich total kaputt. Ich bin 25 Jahre alt und habe Rückenprobleme wie ein alter Mann. Wenn ich am Sonntag frei habe, kann ich nicht ausschlafen, weil mein Körper sich schon auf die frühmorgendliche Arbeit eingestellt hat. Ich bin immer müde und habe in den letzten drei Jahren fast alle meine Freunde verloren, weil ich keine Zeit und keine Kraft mehr habe, um sie zu treffen. Eine Frau kann ich so auch nicht kennenlernen. Eigentlich habe ich gar kein Leben mehr, sondern arbeite nur", beschreibt Ercan verzweifelt seine Lage.

Sein Einkommen muss er als Neuer Selbstständiger selbst versteuern und sich bei der SVA selbst versichern. Danach bleiben ihm rund 700 Euro monatlich übrig, um zu überleben. Die Einkommensstruktur der Ein-Personen-Unternehmen ist sehr breit und es gibt natürlich auch solche, die für ihre mitunter riskante Arbeit hohe Umsätze erzielen. Insgesamt sind ihre Einkommen jedoch im Vergleich zu ähnlich qualifizierten unselbstständig Erwerbstätigen niedrig. Ihr Medianeinkommen liegt bei rund 16.300 Euro jährlich, das von unselbstständig Erwerbstätigen bei knapp 20.000 Euro. Deswegen gelten fast 14 Prozent der Soloselbstständigen auch als armutsgefährdet, fast doppelt so viele wie bei den restlichen Erwerbstätigen. Rund 87.000 Ein-Personen-Unternehmen erzielen sogar so geringe Einkommen, dass sie damit nicht einmal die Steuergrenze von 11.000 Euro jährlich erreichen. Eine so hohe Zahl von Einkommen unter der Steuergrenze bedeutet, dass der ohnehin schon sehr niedrige Gesamtschnitt der EPU-Einkommen in Wirklichkeit noch tiefer liegt. Umgekehrt ist die vergleichsweise hohe Armutsgefährdung unter den Soloselbstständigen dadurch wohl noch höher.[66]

Und dann sind da noch die Kosten, die die Paketbotinnen und -boten selbst tragen müssen, um ihre Arbeit überhaupt ausüben zu können.

> Allein die Postjacke, die Ercan verpflichtet ist zu tragen, muss er von seinem eigenen Geld bezahlen und die kostet schon 70 Euro, die Polo-Shirts kosten weitere zehn Euro. Für das Gerät, auf dem die EmpfängerInnen der Pakete die Zustellung bestätigen müssen, muss er monatlich noch 80 Euro Miete bezahlen.

Und schließlich der größte Brocken: Der Treibstoff und die Leasinggebühren für den Transporter, auch dafür und für dessen Erhalt muss er aufkommen. Denn die Subunternehmen, die die Pakete für den Frächter der Post zustellen, stehen unter doppeltem finanziellen Druck und tragen ein hohes unternehmerisches Risiko. Sie sind entweder Ein-Personen-Unternehmen oder kleine Unternehmen mit circa fünf Beschäftigten und sind verpflichtet, sowohl die Vorschriften der Post als auch die des Frächters einzuhalten. Dafür sind sie nicht nur allein verantwortlich, sie müssen auch die volle Haftung dafür tragen. 10.320 Ein-Personen-Unternehmen arbeiten in der Sparte Transport und Verkehr, wie viele KleintransportunternehmerInnen wie Ercan es gibt, kann nur geschätzt werden.[67]

Generell ist die Datenlage über die Neuen Selbstständigen in Österreich eher schlecht, obwohl sie sich von Ein-Personen-Unternehmen und klassischen UnternehmerInnen schon auf den ersten Blick durchaus stark unterscheiden. Die Verteilung ihres formalen

Ausbildungsniveaus stellt sich different dar: Rund ein Drittel von ihnen hat nur einen Pflichtschul- beziehungsweise Lehrabschluss. Bei den Vollzeitbeschäftigten ist über die Hälfte im Pflichtschul- bzw. Lehrbereich zu verorten, bei Teilzeitbeschäftigten beläuft sich dieser Anteil aber nur auf 30 Prozent. Es sind vor allem männliche Soloselbstständige, die mit einem Anteil von 19,5 Prozent gehäuft allein leben oder wiederum mit fünf und mehr Personen gemeinsam im Haushalt wohnen. Das liegt daran, dass die Gruppe der Ein-Personen-Unternehmen und Neuen Selbstständigen so heterogen ist wie kaum eine andere. Vom Fotografen, der Architektin, dem Finanzbuchhalter, der Masseurin, dem Regalbetreuer im Supermarkt, der Büroservicekraft bis zur 24-Stunden-Pflegerin sind alle vertreten. Die Fachgruppen, die den höchsten Anteil an ihnen stellen, sind laut Wirtschaftskammer die „Personenberatung und Personenbetreuung", in dieser sind 98,4 Prozent EPU, der „Direktvertrieb" mit 93 Prozent und sogenannte „Persönliche Dienstleister" mit immer noch 85,5 Prozent. Die mit Abstand größte aller Fachgruppen, mit mehr als doppelt so vielen Mitgliedern wie alle anderen, ist die der Personenberatung und Personenbetreuung mit fast 70.000 Ein-Personen-Unternehmen.[68] Fast ein Viertel aller EPU dürften demnach also 24-Stunden-Pflegerinnen sein, die mit echten selbstständigen UnternehmerInnen eigentlich nichts zu tun haben. Sie können weder frei über ihre Zeit verfügen oder sich vertreten lassen noch ihren Arbeitsalltag nach ihren eigenen Wünschen gestalten, sondern sind zu 100 Prozent weisungsgebunden und von nur einem/einer ArbeitgeberIn vollkommen abhängig.

> So wie die Pflegerinnen leiden auch viele andere EPU unter allen Nachteilen der Selbstständigkeit, wie unternehmerischen Risiken und schwacher sozialer Absicherung, kommen aber nicht in den Genuss der Vorzüge, wie Freiheit und Flexibilität.

Für Ercan wäre es unter diesen Voraussetzungen, mit diesem Hungerlohn gar nicht möglich, sich allein zu erhalten und zu überleben. Er hätte sich zwar vor einem Jahr gerne eine eigene

Wohnung gesucht, aber da er keine fixe Anstellung und kein sicheres Einkommen vorweisen kann, wollte ihm kein Vermieter einen Mietvertrag ausstellen. Auch an der Kaution für eine Wohnung wäre er gescheitert, denn er hat keine Ersparnisse und keinen Überziehungsrahmen bei der Bank. An einen Kredit brauche er als Ein-Personen-Unternehmen ohne Sicherheiten gar nicht zu denken, wurde ihm sehr direkt entgegengeworfen, als er bei mehreren Banken um einen solchen gebeten hatte. Inzwischen ist er froh darüber, dass er keine Wohnung gefunden hat und weiterhin bei seinen Eltern wohnhaft bleiben musste. Ansonsten wäre er jetzt wohl auch noch verschuldet. So ist er, nach drei Jahren in diesem Job, zumindest nur pleite. Einmal hätte er sogar beinahe seinen Handyvertrag verloren. Weil er bei der Arbeit, beim Heben eines schweren Pakets, umgeknickt war und sich am Knie verletzt hatte, konnte er zweieinhalb Wochen nicht arbeiten, verlor dadurch über die Hälfte seines Monatseinkommens und hatte ein ungedecktes Konto. Die Erinnerung daran, wie er bei seinem Mobilfunkanbieter um Ratenzahlungen betteln musste, ist ihm noch heute extrem unangenehm. Wenn er gekonnt hätte, hätte er schon vor langer Zeit alles hingeworfen und mit dieser schrecklichen Arbeit aufgehört, sagt er, aber er hat keinen Anspruch auf Arbeitslosengeld und wollte nicht um Mindestsicherung ansuchen müssen. Und weiter:

> „Ich würde alles machen, jede Arbeit ist mir recht. Es geht nicht darum, dass ich etwas Bestimmtes arbeiten möchte, ich will nur wieder mehr Sicherheit haben. Ich will keine Angst mehr davor haben müssen, krank zu werden und plötzlich wieder ohne Geld dazustehen. Außerdem bin ich fertig, weil ich seit drei Jahren durcharbeite, abgesehen von der Zeit, als mein Knie kaputt war."

Ercan hat mit 17 Jahren seine Schulkarriere in einer Handelsakademie abgebrochen, weil er zuletzt über 600 Fehlstunden hatte und nur noch zu Schularbeiten am Unterricht teilgenommen hat. Er erzählt, dass er dringend Geld verdienen wollte, auf nähere Gründe und seine familiäre Situation will er nicht weiter eingehen. Er erklärt, dass es ihm unangenehm sei, darüber zu reden und dass ich zwar über alles schreiben könne, was er mir über seine Arbeit erzählt, aber nicht über seine Familie. Ich habe ihm natürlich versichert, mich daran zu halten. Mit 18 Jahren hat er begonnen, bei McDonalds in der „Shopping City Süd" an der Kassa und im Verkauf zu arbeiten. Eine Lehre konnte er dort nicht absolvieren, weil ihm die Bezahlung als Lehrling nicht ausgereicht hätte. In der Folge hat er dann zweieinhalb Jahre als Lagerarbeiter in der Zentrale von Anker im zehnten Wiener Gemeindebezirk gearbeitet. Er war in der Kommission, in der Kühlhalle tätig, hat die Bestellungen der einzelnen Filialen sortiert und tiefgefrorenes Brot in Boxen für den Transport verpackt. In dieser Zeit hat er den Anlauf unternommen, die Abendschule zu besuchen, aber nach einem Semester hat er damit wieder aufgehört, weil ihm die Schule nach und neben der Arbeit zu anstrengend war. Dann war er beim Bundesheer. Zwei Monate nachdem er seinen Wehrdienst abgeschlossen hatte, hat er seinen heutigen Job als Paketbote begonnen. Mit belegter Stimme sagt er leise: „Paketbote ist der schlimmste Job, den ich je gemacht habe. Bei McDonalds habe ich immerhin 700 Euro für 20 Stunden Dienst pro Woche bekommen, beim Anker sogar fast 1.500 Euro für Vollzeit, weil eine Kältezulage dabei war." Seit ein paar Wochen bemüht er sich, wieder eine Stelle als Lagerarbeiter zu bekommen, und nach vielen Bewerbungen scheint er erstmals wieder Anlass zur Hoffnung zu haben. Kommende Woche ist er zu einem Probearbeiten eingeladen worden, er scheint sich darauf richtig zu freuen. Er wünscht sich nicht mehr, als ein bescheidenes Leben ohne Angst und Armut führen zu können.

WEITERE HINTERGRÜNDE

SOLOSELBSTSTÄNDIGE ab 65 Jahren SIND HÄUFIGER IN HÖHEREN AUSBILDUNGSSEGMENTEN zu verorten und seltener im Pflichtschul- bzw. Lehrbereich sowie unter Fach- bzw. HandelsschulabsolventInnen zu finden.

41,7% ♀ BEI SOLOSELBSTSTÄNDIGEN
45,3% ♀ BEI UNSELBSTSTÄNDIG ERWERBSTÄTIGEN

IHR DURCHSCHNITTLICHES ALTER LIEGT BEI 45 JAHREN, DAS VON UNSELBSTSTÄNDIG ERWERBSTÄTIGEN BEI 39 JAHREN.

♂ VERDIENEN IM SCHNITT ZWISCHEN **28%** UND **38% mehr** ALS ♀

Medianeinkommen — arithmetisches Mittel des Einkommens

Einkommensmedian
39,45 €/h BEI FREIBERUFLICH TÄTIGEN SOLOSELBSTSTÄNDIGEN
16,62 €/h BEI NEUEN SELBSTSTÄNDIGEN

7% ALLER SOLOSELBSTSTÄNDIGEN ÜBEN EINE **unselbstständige Zusatzbeschäftigung** AUS, DAS ENTSPRICHT 20.085 PERSONEN.

(L&R Sozialforschung, Demographie und Sozialstatistik von EPU/Solo-Selbstständigen, Analysen aus den Datenbeständen der Statistik Austria 2015)

IN DEN LETZTEN 10 JAHREN WURDEN IM SCHNITT **15.000** EPU-Neugründungen PRO JAHR VERZEICHNET.

DER **Anteil von über** AN DEN EPU LIEGT BEI RUND **35-Jährigen** **83%**.

25% NUR NEBENBERUFLICHE TEILZEIT-EPU

58% HAUPTBERUFLICHE VOLLZEIT-EPU

17% HAUPTBERUFLICHE TEILZEIT-EPU

NUR RUND **40%** DER EPU BESTEHEN **länger als 4 Jahre.**

8. Kapitel

Von einem miesen Job zum nächsten

Dina: für einen Hungerlohn von einem miesen Job zum nächsten

Dina ist 34 Jahre alt und das längste Arbeitsverhältnis, das sie jemals hatte, dauerte neun Monate. Und das, obwohl sie schon mit zarten 15 Jahren zu arbeiten begonnen hat. Dina ist ein fröhlicher, herzlicher und offener Mensch. Sie trägt ihr Herz auf der Zunge und macht kein Geheimnis daraus, dass sie so früh zu arbeiten beginnen musste, weil ihr Vater damals seine Arbeit verloren hatte. Wegen des geringen Gehalts ihrer Mutter, die als Reinigungskraft zu schlecht bezahlt wurde, um die Familie allein ernähren zu können, musste auch sie Geld nach Hause bringen. Sie waren in einer finanziellen Notlage und wären beinahe auf der Straße gelandet. Dina hatte keine Wahl. Sie ist in Armut aufgewachsen und sie ist arm geblieben. Umgeben von Menschen, für die Sicherheit, Selbstverwirklichung und Wohlstand eine Selbstverständlichkeit sind, hatte sie von Anfang an nie die gleichen Chancen. Das spürte sie schon als kleines Kind, als die Oma einer Volksschulfreundin rief: „Dina, du bist ein wildes Zigeunermädel, pass beim Spielen mit meiner kleinen Lisi auf, dass ihr nichts passiert!" Sie sah nicht so aus wie die anderen und sie wurde auch nicht so behandelt wie die anderen Kinder. Auch heute noch, am Arbeitsplatz, bei Behörden und selbst in der Freizeit, werde sie anders behandelt, erzählt sie bestimmt. Sie hatte kein Netzwerk, das sie um Hilfe bitten konnte, so wie etwa ihre Schulkolleginnen und -kollegen. Keinen Freund der Familie, der ihr einen Aushilfsjob in einer Bank oder einem Geschäft organisieren konnte. Sie war völlig auf sich allein gestellt.

Die lukrativste Arbeit, die sie damals mit 15 Jahren und ohne Ausbildung finden konnte, war die als Tellerwäscherin in einem der gehobenen Restaurants mitten in der Salzburger Altstadt.

Tagsüber wollte sie nach dem Ende der Sommerferien weiterhin das Gymnasium besuchen, abends um 18 Uhr hatte sie mit der Arbeit begonnen, fertig mit dem abschließenden Küchenputz war sie in der Regel zwischen 23 Uhr und Mitternacht. Aber die Arbeit bis in die Nacht hinein war nicht ihr größtes Problem. Denn in der kleinen Küche ohne Klimaanlage hatte es in den heißen Sommertagen zwischen 40 und 50 Grad. Im Dampf des heißen Wassers voller Lauge hatte ihre Haut furchtbar zu jucken und zu brennen begonnen. Nach einem starken Neurodermitis-Schub musste sie rund um die Uhr – wenn sie nicht gerade arbeitete – Handschuhe tragen, damit sie sich keine Wunden in die aufgerissene Haut kratzte, was zu Narben geführt hätte. Das Jucken und Brennen setzte ihr so sehr zu, dass sie unter starker Gereiztheit litt und kaum mehr schlafen konnte.

> Für diese Strapaze hat sie ganze sechs Euro pro Stunde bekommen. Jeden Abend wurde sie bar auf die Hand bezahlt, ohne jemals bei der Sozialversicherung angemeldet worden zu sein.

Das hat sie aber nicht weiter gestört, denn sie war als Schülerin mitversichert und alles, worum es ihr dabei ging, war, dass sie so viel Geld wie möglich für ihre Eltern und ihre kleine Schwester verdienen konnte. Wenn sie mit Geld nach Hause kam, sah sie die Erleichterung im Gesicht ihrer Mutter und war unheimlich stolz auf sich selbst. Während der Salzburger Festspiele, wenn das Restaurant besonders gut besucht war, bekam sie immer wieder einen Teil des Trinkgeldes der KellnerInnen – dann feierte sie ein Freudenfest. Doch es ging nicht lange gut: Zwei Monate nachdem im Herbst die Schule wieder begonnen hatte, hörte sie auf hinzugehen, weil sie morgens zu erschöpft zum Aufstehen war. Im Unterricht konnte und wollte sie kaum mehr zuhören, das Stillsitzen wurde durch die Müdigkeit zur Qual und Lernen oder Hausaufgaben schaffte sie am Nachmittag nicht mehr.

Wieder drei Monate später war sie eine arbeitslose Schulabbrecherin, die einfach aufgehört hatte, morgens in die Schule zu gehen. Im Restaurant hatte man nach dem Ende der Sommer- und Festspielsaison keine Verwendung mehr für sie.

> An ihrem letzten Abend in der Küche, an einem Samstag kurz vor Mitternacht, sagte ihr der Chef, dass sie morgen nicht mehr wiederzukommen brauche und drückte ihr zehn Euro extra in die Hand.

Sie war schockiert, sie wusste noch nicht, dass so ein Verhalten in der Gastronomie leider alles andere als unüblich ist.

Häufige Stellenwechsel und wiederkehrende Arbeitslosigkeit sind dort, wie zunehmend auch in anderen Branchen, an der Tagesordnung. Über ein Drittel aller unselbstständig Erwerbstätigen in Österreich ist nur instabil beschäftigt. Das heißt, die betroffenen Personen sind nicht einmal ein Jahr durchgehend für den gleichen Arbeitgeber tätig.[69] Nur rund 20 Prozent der Beschäftigten behalten ihren Arbeitsplatz länger als zwei Jahre. Über drei Viertel derjenigen, die im Jahr 2010 eine Stelle neu aufgenommen haben, haben diese innerhalb von zwei Jahren wieder verloren oder aufgegeben. In landwirtschaftlichen Berufen waren im Jahr 2015 über 80 Prozent der Beschäftigten kein Jahr durchgehend beschäftigt, im Tourismus mit rund 70 Prozent mehr als zwei Drittel der Beschäftigten. Weitere über 60 Prozent im Dienstleistungsbereich, rund 56 Prozent der Beschäftigten im Bereich „Kunst, Unterhaltung und Erholung" und rund 55 Prozent der in der Bauwirtschaft tätigen Arbeitskräfte waren nur unterjährig beim gleichen Arbeitgeber gemeldet. Deutlich überdurchschnittlich verbreitet ist unterjährige Beschäftigung mit rund 43 Prozent der Beschäftigten außerdem auch im Bereich von „Erziehung und Unterricht".[70] Diese prekären Jobs bergen große Probleme und Risiken für jene, die davon leben müssen. Abgesehen von großer Unsicherheit, die instabile

Beschäftigung mit sich bringt, geht sie auch mit einer deutlich schlechteren Bezahlung der Arbeitsleistung einher. Im Jahr 2015 verdienten jene, die ganzjährig ohne Unterbrechung beschäftigt waren, im Mittel ohne 13. und 14. Gehalt exakt 2.438 Euro brutto im Monat. Doch jene, die unterjährig beschäftigt wurden, erhielten nur 1.821 Euro brutto. Sie wurden also um ein Viertel schlechter bezahlt.[71]

Seit damals, als Dina ihren ersten Job von einem Tag auf den anderen verloren hatte, hantelt sie sich von einem Kurzzeit-Job zum nächsten. Da sie auch noch undokumentiert beschäftigt war, hatte sie damals keinen Anspruch auf Arbeitslosengeld und musste schnellstens etwas Neues finden. Zwar war sie erst 16 Jahre alt, aber sie sah älter aus. Deswegen nahm man sie auch als Aushilfs-Rezeptionistin für die Nachtschicht in einem Hotel, später als Zimmermädchen in einer schäbigen Herberge in Bahnhofsnähe und dann sogar als Wachfrau für einen privaten Sicherheitsdienst in einem Parkhaus. Keinen dieser Jobs hatte sie länger als ein halbes Jahr. Als Rezeptionistin und Zimmermädchen verschlief sie regelmäßig und die Firma, bei der sie als Wachfrau tätig war, ging in Konkurs. Bis zu ihrem 19. Lebensjahr hatte sie ausschließlich in der Nacht und zumeist undokumentiert gearbeitet, obwohl sie das Arbeiten in der Nacht hasste. Nicht selten hatte sie sich fast zu Tode gefürchtet, wenn betrunkene Männer sich ihr gegenüber abfällig äußerten, übergriffig waren und fürchterlich aufgeführt hatten. Sie wurde angeschrien, beschimpft und begrapscht. Immer wieder, ohne bestimmten Anlass und unabhängig davon, ob es sich um Männer im teuren Anzug handelte, die ihren Mercedes im Altstadt-Parkhaus nicht wiederfanden, oder schleißig gekleidete Trunkenbolde, die sich im nächtlichen Suff in die Bahnhofsabsteige verirrt hatten. Aber sie war jung, hatte keine Ausbildung und in der Nacht wurde nicht so genau hingesehen.

> Nachts war es leichter, unbemerkt eine 17-Jährige in der Beherbergung, Gastronomie oder im Wachdienst zu beschäftigen, als tagsüber. Und ihre Familie brauchte das Geld dringend. Eine Lehre oder ein Aushilfsjob am Tage hätte nicht genügend abgeworfen, um sie alle vier zu versorgen.

Außerdem wurde ihr immer wieder gesagt, dass das in ihrem Alter kein Problem wäre und man Nachtdienste in der Jugend ohnehin einfach so wegstecken könne – eine falsche Annahme, die jedoch ziemlich weit verbreitet zu sein scheint.

Denn laut Statistik arbeiten durchschnittlich 230.600 Erwerbstätige unter 34 Jahren in der Nacht, davon trotz Jugendschutz rund 63.000 im Alter von 15 bis 24 Jahren. Das sind weit mehr als unter den 35- bis 44-jährigen Erwerbstätigen. Nur die 45- bis 54-Jährigen arbeiten häufiger in der Nacht als die jungen Beschäftigten. Besonders betrifft Nachtarbeit auch Beschäftigte im formal niedrigeren Bildungssegment: Von 609.400 Erwerbstätigen, die nachts arbeiten, haben 385.300 maximal einen Lehrabschluss, 62.100 nur einen Pflichtschulabschluss. Die Frauen unter ihnen arbeiten zum größten Teil im Gesundheits- und Sozialwesen oder wie Dina in der Gastronomie und Beherbergung.[72] Sexuelle Belästigung und Übergriffe, wie Dina sie erlebt hat, sind gerade in diesen Branchen keine Seltenheit. 23,3 Prozent aller berufstätigen Frauen berichten davon, bereits „belästigende und sexuelle Angebote in der Arbeit oder Ausbildung" erhalten zu haben, 6,3 Prozent geben an, die jeweilige Situation als bedrohlich erlebt zu haben.[73]

Um von der Nachtarbeit in den Hotels und der Gastronomie wegzukommen, versuchte sie sich auch als Leiharbeiterin bei diversen Personaldienstleistern. Dort machte sie die Erfahrung, dass diese zwar hin und wieder gute Arbeitseinsätze für sie hatten, aber auch oft schlechte und noch öfter gar keine. Besonders freute sie sich, wenn sie tagsüber als Kellnerin für das Catering zu Veranstaltungen geschickt wurde, weil sie hoffte, auf diese Weise vielleicht doch irgendwo fix andocken zu können. Aber leider lief es für sie ganz anders. Tagelang wartete sie auf Anrufe, die ihr ankündigen würden, dass sie nun wieder gebraucht würde. Jedoch ohne Erfolg, bis sie irgendwann aufgab, all ihren Stolz vergaß und sich bei der Reinigungsfirma bewarb, für die ihre Mutter putzte. Das war ihr längster Job, als Reinigungskraft arbeitete sie erstmals volle neun Monate durchgehend für den gleichen Arbeitgeber – mit einem einschneidend schlechten Ende für die ganze Familie. Eines Morgens, Dina war zu diesem Zeitpunkt sieben Monate bei der Reinigungsfirma beschäftigt, saß ihre Mutter weinend in der Küche. Sie war völlig aufgelöst und erzählte ihr, dass der Chef gerade angerufen hatte, um sie zu informieren, dass er die Gehälter für den letzten Monat nicht mehr zahlen könne. Die Reinigungsfirma musste zwei Monate später schließen und sie standen nun beide ohne Arbeit, ohne Geld und als Gläubiger ohne Hoffnung auf Entschädigung da.

> Von nun an, Dina war gerade 23 Jahre alt geworden, musste sie sich zwei Jobs gleichzeitig suchen, um ausreichend für sie alle und die gemeinsame Miete zu verdienen.

So machen das auch über 200.000 andere Erwerbstätige in Österreich. Knapp fünf Prozent aller Beschäftigten gehen zwei oder mehreren Arbeitsverhältnissen parallel nach. Allein im Jahr 2017 gab es einen Anstieg von 15.700 neuen Mehrfachbeschäftigten, vor zehn Jahren waren es noch fast 40.000 Beschäftigte weniger.[74] Ihre Mitte fünfzigjährige Mutter und ihr sechzigjähriger Vater wurden von den Firmen, bei denen sie sich bewarben, nicht einmal mehr zum unbezahlten Probearbeiten eingeladen. Im Dezember 2017 kamen auf 443.481 Arbeitssuchende nur 54.818 offene Stellen, im Schnitt also mehr als acht BewerberInnen auf einen freien Arbeitsplatz.[75] Es gibt also schlicht nicht genug freie Stellen für alle Arbeitssuchenden. Besonders leiden darunter ältere

Menschen, junge BerufseinsteigerInnen und Menschen mit Migrationsgeschichte, weil sie es bei der Arbeitssuche am schwersten haben. Rund ein Drittel aller Arbeitslosen ist von Langzeitbeschäftigungslosigkeit betroffen, also schon über ein Jahr beim AMS gemeldet. Im März 2018 waren das mit 109.864 Personen fast dreimal so viele wie noch vor zehn Jahren.[76]

Dina begann keine zwei Monate später als Arbeiterin in einer Autowaschanlage, immer von Montag bis Samstag. Abends und nachts jobbte sie zusätzlich immer wieder als Kellnerin oder Barkeeperin am Salzburger Rudolfskai oder in einem der Lokale in der Gstättengasse. Da ihre Haut aber wieder stark auf den Wasserdampf und die Chemie in der Autowaschanlage reagierte, musste sie die Stelle wegen ihrer Neurodermitis schon nach drei Monaten wieder aufgeben. Danach begann sie tagsüber in der Küche eines Fast-Food-Lokals beim Salzburger Airport Center zu arbeiten. Zwischendurch verdiente sie sich auf geringfügiger Basis, an drei Tagen pro Woche, als Telefonistin in einem Callcenter etwas dazu. Im Callcenter wurde sie jedoch als Freie Dienstnehmerin beschäftigt und die Dienste wurden in unterschiedlicher Frequenz jeweils nur für einen Monat im Vorhinein vereinbart. In manchen Monaten, in denen das Callcenter weniger stark gebucht war, fielen die Dienste aber auch ganz weg. Deswegen versuchte sie, wirklich jeden Dienst anzunehmen, auch wenn sie in dieser Woche schon 60 Stunden in ihren Jobs gearbeitet hatte.

> All das waren Jobs, mit denen sie selbst schon mehr schlecht als recht über die Runden kam. Die Notstandshilfe der Eltern war zudem so bescheiden, dass Dina bis heute bei ihnen wohnt, nur um sie zu unterstützen.

Für Dina ist es selbstverständlich, dass in einer Familie alle zusammenhalten und sich gegenseitig helfen, auch wenn es dadurch für sie nicht einfacher wird. Ihre Eltern leiden unter dieser prekären Situation noch viel mehr als sie, es plagen sie Gewissensbisse und es beschämt sie, ihrer Tochter auf der Tasche liegen zu müssen. „Sie fühlen sich so, als wären sie schlechter als andere", sagt Dina beiläufig, nicht ahnend, dass im Jahr 2017 fast ein Viertel der Menschen in österreichischen Erwerbshaushalten kein Einkommen über der Schwelle zur Armutsgefährdung von 1.238 Euro zur Verfügung hatte und sie mit ihrer Situation also absolut keine Ausnahme sind. 212.000 Vollzeiterwerbstätige galten 2017 als armuts- und ausgrenzungsgefährdet, 178.000 Vollzeiterwerbstätige als armutsgefährdet und ganze 44.000 als erheblich materiell depriviert. 300.000 Erwerbstätige, das entspricht rund acht Prozent aller Beschäftigten, wurden als „Working Poor" eingestuft. Sie sind arm, obwohl sie arbeiten – so wie Dina.[77]

Dina und ihre Eltern wohnen also zu dritt auf 60 Quadratmetern in einer Zweizimmerwohnung. Sie liegt in der Ignaz-Harrer-Straße, die in Salzburg auch abschätzig die „Kebab-Meile" genannt wird, weil die eher schäbige, stark befahrene Straße im Stadtteil Lehen nicht so ganz in die kitschige kleine Touristenstadt passen will. Ihre Adresse wird auf Bewerbungsschreiben genauso ungern gesehen wie ihr mazedonischer Name, erzählt Dina. Sie ist sich sicher, dass sie dadurch abgestempelt und schon vorab aussortiert wird. Wegen ihres Aussehens ist eine der ersten Fragen, die ihr bei Vorstellungsgesprächen gestellt wird, woher sie kommt und ob sie überhaupt eine Arbeitsbewilligung hat, obwohl ihr Deutsch perfekt und nahezu akzentfrei ist. Ihre kleine Schwester hatte mehr Glück. Sie konnte eine Polytechnische Schule abschließen und ist ausgezogen, nachdem sie eine Lehrstelle als Fußpflegerin gefunden hatte. Sie verdient in ihrem zweiten Lehrjahr rund 700 Euro und kann sich damit zumindest ein WG-Zimmer leisten und muss nicht mehr bei ihren Eltern im Wohnzimmer schlafen. Weil Dina bei ihren Eltern ein Drittel der Miete beisteuert, hat sie das Schlafzimmer in der Wohnung für sich allein. Ihre Eltern schlafen zusammen in der Wohnküche auf einer Ausziehcouch.

Sie redet nicht gerne darüber, dass sie noch zu Hause wohnt. Wird sie danach gefragt, reagiert sie ausweichend – nie würde sie jemanden zu sich nach Hause einladen. Aber dafür, dass sie arm ist, schämt sie sich nicht. Überzeugt sagt sie:

> „Ich arbeite hart, habe seit Jahren immer zwei bis drei Jobs gleichzeitig und muss trotzdem von der Hand in den Mund leben. Nicht ich sollte mich dafür schämen müssen, sondern diejenigen, die so geizig sind, dass sie mir nicht mehr zahlen wollen."

Ihr größter Wunsch ist es, als Kellnerin oder im Service auf einem Kreuzfahrtschiff zu arbeiten. „Um das Meer, andere Länder und die Welt zu sehen", schwärmt sie und beginnt dabei richtig zu strahlen. Sie wird nicht aufgeben, sie wird weitersuchen und sich weiter bewerben. Was sie braucht: dass ihr einmal jemand eine Chance gibt. Dass Menschen am Arbeitsmarkt so schlecht behandelt und entlohnt werden und von einem miesen Job zum nächsten gejagt werden, betrifft uns alle ganz direkt, viel mehr als es uns vielleicht bewusst ist. Denn die Reallöhne in Österreich wären im Zeitraum von 2000 bis 2015 für uns alle insgesamt um zehn Prozent stärker gestiegen, wenn sich die Löhne der instabil Beschäftigten gleich entwickelt hätten wie jene der stabil Beschäftigten, die nicht nach ein paar Monaten wieder vor die Tür gesetzt wurden. Würden Kurzzeit-Beschäftigte, befristet Beschäftigte, Leiharbeitskräfte, PraktikantInnen, Teilzeitbeschäftigte, Freie DienstnehmerInnen und Soloselbstständige gleich viel verdienen wie die verbleibenden „Normal-Beschäftigten", würden wir alle zusammen erheblich besser bezahlt werden.

WEITERE HINTERGRÜNDE

(WIFO, Segmentierung des Arbeitsmarktes und schwache Lohnentwicklung in Österreich 2017)

DIE MIT  **7.902€** SEHR NIEDRIGEN MITTLEREN **Bruttojahreseinkünfte** DER instabil beschäftigten Frauen STECHEN BESONDERS HERVOR.

DIESES EINKOMMEN ENTSPRICHT UNGEFÄHR **1/3** des mittleren Einkommens aller Beschäftigten.

DIE Zahl DER VON INSTABILER BESCHÄFTIGUNG BETROFFENEN ARBEITSKRÄFTE steigt. GLEICHZEITIG STEIGEN UNTER DEN INSTABIL BESCHÄFTIGTEN AUCH DIE TAGE IN Arbeitslosigkeit.

EIN HINWEIS DARAUF, DASS DIE VON ARBEITSLOSIGKEIT Betroffenen IN ZUNEHMENDEM AUSMASS VON **Ausgrenzung betroffen** SIND.

2016 WAREN INSGESAMT **636.000 Menschen** AB 16 JAHREN **8,8%** MEHRFACH GESUNDHEITLICH BEEINTRÄCHTIGT.

15% Armuts- oder Ausgrenzungs-gefährdete

DIE ARBEITSLOSENVERSICHERUNG IST MITUNTER „PERSONALPOOL" VON ARBEITGEBERiNNEN.

Kündigung und Wiedereinstellung beim ehemaligen Dienstgeber HABEN IN ÖSTERREICH TRADITION.

Das spiegelt die weitverbreitete Praxis wider, sich in Zeiten geringer Auslastung vorübergehend von Arbeitskräften zu trennen, um sie anschließend (oft schon nach kurzer Zeit) wieder einzustellen.

Im Durchschnitt der Jahre 2010 bis 2013 waren bei rund **20%** DER ARBEITSSUCHENDEN **Wiedereinstellungen beim ehemaligen Dienstgeber in den 5 Jahren davor** DAS DOMINANTE MUSTER.

Epilog

ZUSAMMENFASSEND

Die Berichte in diesem Buch illustrieren lebensnah die Fehlentwicklungen, unter denen wir in der Arbeitswelt zunehmend leiden. So mancher Missstand hat sich bereits zum Massenphänomen ausgewachsen, andere stecken noch in den Kinderschuhen und werden in den kommenden Jahren zum großflächigen Problem werden. Manuels Geschichte ist ein Beispiel dafür, wie sich durch die Hintertüre un- und unterbezahlte Pseudo-Praktika eingeschlichen haben und diese für junge Beschäftigte ein gängiger Teil ihres Berufseinstiegs wurden. Silje hat uns geholfen zu verstehen, wie Beschäftigte zunehmend in die Scheinselbstständigkeit getrieben und damit um ihre Rechte gebracht werden. Von Marlene konnten wir erfahren, wie es ist, von einem befristeten Arbeitsvertrag zum nächsten hecheln zu müssen, von Dina, wie ein Leben durch instabile, miese Jobs gezeichnet wird. Ayaz und Berat haben uns gezeigt, wie schlecht richtig harte Arbeit mitunter bezahlt wird, und Ercan, wie es ist, als Tagelöhner über die Runden kommen zu müssen. Isko gab uns einen Einblick, wie es sich anfühlen muss, wenn man als Beschäftigter ausgeliehen und weitergereicht wird, fast wie ein Kugelschreiber. Und Sabine hat die Situation des wachsenden Heeres der Teilzeitbeschäftigten in Österreich erhellt. Damit haben sie alle großen Mut bewiesen und die tatsächlichen Auswirkungen der zerstörerischen Dynamik eines prekarisierten Arbeitsmarkts aufgezeigt. Auch an dieser Stelle gebührt ihnen dafür mein ausdrücklicher Dank.

Profitorientierte Unternehmen, insbesondere Großbetriebe und Konzerne, haben die Not von vielen Jobsuchenden und den von ihnen angeheizten „Trend" zur steigenden Konkurrenz unter den Beschäftigten ausgenützt. Mit kreativen und ständig neuen Vertragskonstruktionen sowie findigem Etikettenschwindel haben sie Arbeitende in Arbeitssituationen gezwungen, die zwar nicht rechtmäßig sind, aber mit leeren Versprechungen ihre Hoffnungen nähren.

> Angetrieben durch die trügerische Hoffnung vieler Beschäftigter, sich durch einen miesen Job später einen guten verdienen zu können, hat sich unter einer Decke des Schweigens prekäre Arbeit auch in Österreich leise, schleichend zum Problem entwickelt.

Solange dieses Übel nicht an der Wurzel gepackt wird, wird es größer werden, bis es sich wie in anderen Ländern Europas zum Flächenbrand auswächst. Miese Jobs sind ansteckend: Ist die eine Kollegin billiger als die andere, läuft letztere schnell Gefahr, ersetzt zu werden. Warum auch sollte ein Unternehmen den teureren Teil der Belegschaft erhalten, wenn es den anderen billiger haben kann? Warum sollten Unternehmen selbst in die Einarbeitung, Spezialisierung und Erfahrung von jungen ArbeitnehmerInnen investieren, wenn sie diese Verantwortung ebenso gut auf Kosten von unbezahlten PraktikantInnen abwälzen können?

Doch trotz all der bereits bestehenden Missstände hat in Österreich der starke Widerstand gegen die Deregulierung des Arbeitsrechts, die Restriktion unserer sozialen Absicherung und Kollektivverträge bis zum Regierungsantritt der ÖVP-FPÖ-

Koalition gehalten. Anders als im Schnitt der meisten EU-Länder unterliegen in Österreich noch 98 Prozent der unselbstständigen Arbeitsverhältnisse einem Kollektivvertrag[78], womit wir uns positiv abheben. Unser Lohn- und Sozialdumpinggesetz war bis zum Frühjahr 2018 eines der strengsten und weitreichendsten. Unser Arbeitskräfteüberlassungsgesetz, das Leiharbeit einer starken Regulierung unterwirft, ist vorbildlich. Die kollektive Mitgliedschaft in der Arbeiterkammer stellte bisher sicher, dass sich alle Beschäftigten – auch ohne in die eigene Tasche greifen zu müssen – gegen arbeitsrechtliche Verstöße wehren konnten. Die Mitgliedschaft der ArbeitgeberInnen in der Wirtschaftskammer wiederum sorgte dafür, dass es für die Gewerkschaften ein fixes Gegenüber für Verhandlungen über die Höhe der Mindestlöhne, die Arbeitszeiten und alle anderen Spielregeln gibt. Die Gewerkschaften und ihre VertreterInnen waren es auch, die in der Selbstverwaltung der Sozialversicherung über die von uns Beschäftigten geleisteten Versicherungsbeiträge in unserem Interesse verfügt haben. Und durch die Pflichtversicherung hatten alle Menschen einen Zugang zu einer adäquaten medizinischen Versorgung, egal ob wegen eines Unfalls, im Alter, wegen einer Erkrankung oder in der Arbeitslosigkeit. Dieses herausragende soziale System und Sicherheitsnetz war keine Selbstverständlichkeit – im Gegenteil, das hat der Blick über die Grenzen Österreichs in der Einleitung deutlich gezeigt.

DER DROHENDE WANDEL
– BESTRAFUNG, DISZIPLINIERUNG UND ENTEIGNUNG

Doch nun erfolgen schmerzhafte Einschnitte in unser Kollektivvertragssystem, in unser Arbeitszeitgesetz und in andere Bestimmungen zu unserem Schutz und unserer sozialen Absicherung.

> Anstatt wichtige Schritte nach vorne zu setzen und die wachsende Gruppe prekär Beschäftigter und ihrer Familien aus ihren unwürdigen Lebenslagen zu befreien, wird die arbeitnehmerInnenfeindlichste Politik seit Jahrzehnten betrieben.

Diese grausamen Einschnitte bedeuten nicht weniger als einen frontalen Angriff auf unsere Rechte, unsere Menschenwürde und unser Eigentum, es ist ein Klassenkampf von oben. Denn das schwarz-blaue Regierungsprogramm ist trotz all der negativen Entwicklungen, die die fatalen Konsequenzen von Deregulierungs- und Flexibilisierungsmaßnahmen am Arbeitsmarkt und beim Arbeitsrecht rund um Österreich zeigen, eben mit genau diesen gespickt. Allen voran zum Beispiel das „Arbeitslosengeld Neu", das de facto eine Kopie des in Deutschland wenig ruhmreichen Hartz IV darstellt. Letzteres ist ein Arbeitsmarktprogramm, das unter der Agenda 2010 eingeführt wurde und dessen Auswirkungen, wie in der Einleitung beschrieben, umfassenden Schaden angerichtet sowie den Niedriglohnsektor in Deutschland massiv befeuert haben.

> Eckpunkte des „Arbeitslosengeld Neu" sind die Bestrafung, Disziplinierung und letztlich Enteignung von Arbeitslosen. Gleichzeitig wird das Budget der aktiven Arbeitsmarktpolitik des AMS um ein Drittel gekürzt und die schwierige Ausgangssituation für Arbeitssuchende weiter verschlechtert.

All das geschieht, obwohl im Dezember 2017 auf 443.481 Arbeitsuchende nur 54.818 offene Stellen[79] kamen, im Schnitt also mehr als acht BewerberInnen auf einen freien Arbeitsplatz, und es schlicht nicht genug freie Stellen für alle Arbeitssuchenden gibt.

Besonders werden darunter ältere Menschen, junge Berufseinsteigerlnnen und Menschen mit Migrationsgeschichte leiden müssen, weil sie es bei der Arbeitssuche am schwersten haben. Auch für Erwerbstätige wird dies spürbare Konsequenzen haben. Denn wie in diesem Buch bereits ausführlich beschrieben, drängt steigender Druck am Arbeitsmarkt Beschäftigte dazu, zunehmend unter prekären Bedingungen zu arbeiten. Weil ein mieser Job immer noch besser ist als kein Job. Weil sich die meisten Menschen eben nicht „durchschummeln" wollen, wie ÖVP und FPÖ das unterstellen, sondern arbeiten und selbstbestimmt leben wollen. Doch anstatt diejenigen, die es auf der Suche nach Arbeit besonders schwer haben, zu unterstützen, streicht die Regierung die Finanzierung unzähliger Förderprogramme, beispielsweise der „Aktion 20.000" für ältere Arbeitslose. Und als wäre das für Arbeitslose nicht bereits schlimm genug, soll Bestrafung statt Hilfe folgen. Die Zumutbarkeitsbestimmungen sollen verschärft, der Berufsschutz aufgehoben und die Notstandshilfe durch die Mindestsicherung ersetzt werden. Das bedeutet, dass Arbeitslose, die zukünftig nicht jeden noch so miesen Job annehmen und nicht schnell genug einen neuen Job finden – egal wie schlecht bezahlt dieser ist –, durch die Streichung der Notstandshilfe ihren gesamten Besitz verlieren könnten. Denn der Bezug der Mindestsicherung beinhaltet auch den Zugriff des Staates auf das private Vermögen.

Bislang verhinderte die Notstandshilfe außerdem, dass Menschen in Notlagen und ältere oder kranke Arbeitslose ihr Eigentum und wichtige Beitragszeiten für die Pension verlieren. Denn die eigene Wohnung oder das kleine Haus, das Familienauto, das Ersparte, alles was über der jederzeit absenkbaren Grenze von je nach Bundesland rund 4.200 Euro liegt, kann für den Bezug der Mindestsicherung gegengerechnet werden. Menschen in Notlagen werden dadurch unwiderruflich in ihrer Armut verfestigt und noch tiefer nach unten gedrückt. Durch die verschärften Zumutbarkeitsbestimmungen sollen künftig extrem lange Anfahrtszeiten von bis zu zwei Stunden zum Arbeitsort oder gar der Umzug ans andere Ende Österreichs als zumutbar gelten.

> Die angedachten Maßnahmen stürzen potenziell Hunderttausende ins Elend. Zu erwartende Folgen sind verhärtete Langzeitarbeitslosigkeit, ein boomender Niedriglohnsektor und steigende Armut.

Knapp 170.000 Personen bezogen 2016 im Schnitt in Österreich 750,30 Euro Notstandshilfe[80], für sie würde die Kürzung einen Einkommensverlust von bis zu 2.300 Euro pro Haushalt bedeuten. Die Mindestsicherung soll zudem bundesweit reduziert und auf maximal 1.500 Euro monatlich gedeckelt werden – unabhängig von der Anzahl der im Haushalt lebenden Kinder, die auch mit dieser kleinen Summe satt werden und leben müssen. Weitere Verschärfungen sehen zudem vor, dass für über 15-jährige Kinder von BezieherInnen der Mindestsicherung der Zwang zur Arbeits- und Teilhabepflicht eingeführt werden soll. Um diese menschenverachtenden Maßnahmen als „Ausländersparpaket" verkaufen zu können, müssen zukünftig vor dem Anspruch alle bezugsberechtigten Personen mindestens fünf Jahre in Österreich gelebt haben.

ZUKUNFTSRAUB

Als wäre all dies nicht schon kurzsichtig genug, wurden von der Regierung auch für junge Auszubildende bereits bittere Sparmaßnahmen verkündet. Volljährigen Lehrlingen in überbetrieblichen Lehrausbildungen, den Ersatzlehrstellen für Jugendliche, die keine reguläre Lehrstelle finden, soll die Ausbildungsentschädigung im ersten und zweiten Lehrjahr von 753 Euro auf nur 325 Euro monatlich gekürzt werden.

> Damit verlieren Lehrlinge über die Hälfte ihres ohnehin schon minimalen Einkommens.

Es ist eine Sparmaßnahme, die gleich aus mehreren Gründen kontraproduktiv ist und für uns alle ein teures Nachspiel haben wird. Jährlich werden rund 60.000 Fachkräfte in der heimischen Industrie benötigt, doch fast jede fünfte Stelle bleibt unbesetzt. 2018 fehlen 10.500 bis 11.000 Fachkräfte in Österreich, das entspricht einem Mangel von 15 bis 20 Prozent.[81] Die logische Konsequenz der drastischen Einkommenskürzung wird jedoch im Gegensatz zu diesem Mangel sein, dass viele Jugendliche keine Lehre mehr abschließen, um Fachkräfte zu werden, weil sie sich ein Überleben mit so einer geringen Entschädigung schlicht nicht mehr leisten können. Stattdessen werden sie Aushilfsjobs annehmen, in denen sie kurzfristig zumindest dreimal so viel verdienen, um ihre Miete bezahlen und andere Ausgaben decken zu können.

Erschwerend hinzu kommt, dass sich die offenen Lehrstellen vorwiegend auf Westösterreich beschränken. In Wien gab es hingegen im April 2018 etwa ganze 1.747 sofort verfügbare Lehrstellensuchende, aber nur 402 sofort verfügbare offene Lehrstellen. Das ergibt ein Defizit von 1.345 Lehrstellen, wegen dem fast ein Viertel aller Lehrlinge in der Hauptstadt in einem überbetrieblichen Lehrbetrieb seine Ausbildung absolvieren muss.[82] Die Jugendlichen aus Ostösterreich müssten für ihre Lehrausbildung also nach Tirol, Vorarlberg oder Salzburg umziehen, wenn sie nach Kollektivvertrag entlohnt sein soll. Allerdings betont die Wiener AMS-Chefin aus gutem Grund, dass viele junge WienerInnen heute gar keinen Führerschein mehr besitzen und es in ländlichen Regionen oft auch an der nötigen Infrastruktur fehlt, angefangen bei leistbaren Wohnungen bis hin zu öffentlichen Verkehrsmitteln und Kinderbetreuungseinrichtungen.[83] Wie sollen zudem junge Menschen, meist ohne Geld, einfach ihr Leben von Wien nach Tirol verlegen? Wer keine Ausbildung, Lehrstelle oder einen Führerschein hat, kann sich doch erst recht kein Auto, die Kaution für eine Wohnung oder eigenes Mobiliar leisten. Und ein Umzug Hunderte Kilometer weit weg von der Familie, den Eltern und dem eigenen Freundeskreis, gerade in so einem jungen Alter, kommt natürlich nur für die wenigsten tatsächlich infrage.

Mit dieser Kürzung agiert die Regierung nicht nur unmittelbar extrem unsozial, weil sie Lehrlingen über die Hälfte ihres Geldes nimmt und sie somit auch oft ihrer Existenzgrundlage, aber jedenfalls der Selbstbestimmtheit, beraubt.

> ÖVP und FPÖ zerstören jungen Menschen damit auch mit hoher Wahrscheinlichkeit langfristig das ganze Arbeitsleben und produzieren eine Reihe von später nur mehr schwer vermittelbaren Arbeitslosen.

Denn das Risiko ist hoch, dass diese jungen Beschäftigten ohne formale Ausbildung, die sich heute nur mit kurzfristigen Aushilfsjobs über Wasser halten, später in der Arbeitslosigkeit oder wie Dina in prekären Jobs im Niedriglohnsektor landen. Es ist der Beginn einer Kette von miesen Jobs, aus denen sie wie Ercan, Ayaz und Berat kaum oder nur sehr schwer wieder herauskommen, weil sie es sich im höheren Alter und mit steigenden Verpflichtungen noch weniger leisten werden können, einen Abschluss nachzuholen. Mit 46,5 Prozent ist fast die Hälfte aller Beschäftigten, die nur über einen Pflichtschulabschluss verfügen, instabil beschäftigt, während Beschäftigte mit Lehrabschluss mit 27,2 Prozent zumindest deutlich seltener davon betroffen sind.[84]

Noch absurder wird es, wenn man bedenkt, dass es im Jahr 2017 bundesweit exakt 106.613 Lehrlinge gab, aber nur 9.101 von ihnen sich in überbetrieblichen Lehrausbildungen befanden und davon wiederum nur 5.276 über 18 Jahre alt waren.[85] Bei so einer kleinen Personengruppe können die Einsparungseffekte dieser grausamen Maßnahme, und diese scheinen das einzige, dafür kurzsichtige Motiv der Regierung zu sein, also lediglich sehr bescheiden ausfallen. Doch die rund 300 Euro weniger pro Monat werden die knapp 5.300 betroffenen Lehrlinge dafür umso härter persönlich treffen. Für sie ist das eine Menge Geld, die ihnen künftig bitter fehlen wird. Für ArbeitgeberInnen sind jedoch noch zwei „Zuckerl" im geplanten „Arbeitslosengeld Neu" der Regierung vorgesehen. Sogenannte Arbeitstrainings, Betriebspraktika und weitere „Einstiegsmodelle", bei denen Beschäftigte nicht für leistungsgerechte Entlohnung von den Unternehmen, sondern für Arbeitslosengeld arbeiten müssen, sollen ausgebaut werden. Aus- und Weiterbildungen sollen zukünftig außerdem auf konkrete ArbeitgeberInnen beschränkt und nicht mehr nach Eignung und Interessen der Arbeitslosen gefördert werden. Dadurch werden Unternehmen von weiterer Verantwortung für die Aus- und Fortbildung ihrer Fachkräfte enthoben und stattdessen die Beschäftigten selbst zur Rechnung gebeten.

POLITISCHE UMFÄRBUNG, MACHTVERSCHIEBUNG UND LEISTUNGSKÜRZUNGEN

Unsere soziale Absicherung wird neben Kürzungen der Mindestsicherung, des Arbeitslosengeldes und der Notstandshilfe auf weiteren Ebenen bedroht. Auch unsere Unfall- und Krankenversicherung steht unter starkem Beschuss.

> Die AUVA, unsere Unfallversicherung, soll zukünftig 500 Millionen Euro jährlich einsparen. Sie gibt aber nur rund 100 Millionen Euro jährlich für die Verwaltung aus, kann also nur bei Versicherungsleistungen und bei von ihr betriebenen Unfallspitälern oder Rehabilitationszentren einsparen, um dieser Weisung nachzukommen.[86]

Sollte sie diese Ausgabenbeschränkungen zu unserem Nachteil nicht vornehmen, soll sie laut Regierung überhaupt aufgelöst werden. Außerdem wollen ÖVP und FPÖ bei den Krankenkassen weitere 200 Millionen jährlich reduzieren. Insgesamt will die Regierung sogar die unfassbare Summe von einer Milliarde Euro bei der gesamten Sozialversicherung kürzen, was nicht nur die Präsidentin des Rechnungshofes als „Wunschdenken" bezeichnet.[87] 2016 hatten alle Krankenversicherungen gemeinsam einen Verwaltungsaufwand von nur 481 Millionen Euro[88]. Die Regierung will jedoch mit ihrem sogenannten „Sparen im System", der „Reform" – also der de facto politischen Umfärbung der Kassen –, rund 250 Millionen Euro jährlich „einsparen". Das bedeutet, über 40 Prozent des Verwaltungsbudgets müssten weggezaubert werden, um ohne Leistungskürzungen auf die angekündigte Milliarde Euro zu kommen. Ein unmögliches Unterfangen.

Als falsches Argument schiebt die Regierung die Selbstverwaltung durch angeblich so teure FunktionärInnen vor und behauptet, 800 von ihnen streichen zu müssen. Selbstverwaltung bedeutet jedoch keine hohen Kosten, sondern nur, dass die Versicherten ihre Gelder selbst und nach ihren eigenen Interessen verwalten.

Über 90 Prozent der dafür gewählten FunktionärInnen üben diese Funktion ehrenamtlich, also ohne Bezahlung, aus. Sie erhalten lediglich zwei- bis viermal pro Jahr ein Sitzungsgeld von 42 Euro zur Entschädigung, weil sie an den Sitzungstagen nicht ihrer eigentlichen Arbeit nachgehen können. Bei jedem Sozialversicherungsträger werden maximal fünf FunktionärInnen mit einer Funktionsgebühr entschädigt, die maximale Gebühr bekommt pro Träger nur eine Person. Der Gesamtaufwand der Selbstverwaltung entspricht extrem günstigen knapp 40 Cent pro Versicherten jährlich.[89] Das wird auch im internationalen Vergleich sichtbar. So werden in Österreich nur 2,74 Prozent der Einnahmen für die Verwaltung ausgegeben, während in Deutschland 4,90 Prozent und der Schweiz 4,96 Prozent darauf verwendet werden.[90]

Die Einsparungen in diesem Bereich entsprechen somit in Wirklichkeit lediglich einer homöopathischen Dosis. Vielmehr geht es eindeutig darum, die Entscheidungsmacht der Versicherten massiv zurückzudrängen. Denn bisher waren in den Krankenversicherungen vier von fünf VertreterInnen von der Gewerkschaft oder Arbeiterkammer und nur ein/e VertreterIn von der UnternehmerInnenseite bestellt. Angesichts der Tatsache, dass in den Krankenversicherungen ausschließlich die ArbeitnehmerInnen versichert sind, ist das absolut logisch. Zukünftig sollen nach Plänen der schwarz-blauen Regierung die ArbeitgeberInnen über den Einsatz der Versicherungsgelder der Beschäftigten entscheiden dürfen. Sie sollen gleich stark vertreten sein, obwohl sie über die Lohnnebenkosten nur 28,7 Prozent der Beiträge beisteuern. Und das gilt auch nur rein rechnerisch, denn die Lohnnebenkosten sind Teil der Löhne der Beschäftigten, dementsprechend also auch ihr Beitrag und nicht jener der ArbeitgeberInnen. Das ist nicht nur ungerecht, sondern auch extrem gefährlich, denn naturgemäß haben UnternehmerInnen mitunter andere Interessen als die Beschäftigten – nämlich weniger deren soziale Absicherung, als vielmehr die Reduktion der Lohnnebenkosten, über die sie sich bereits seit Jahren so heftig beschweren. All ihre Pläne können allerdings nur auf unsere Kosten durch Kürzungen der Versicherungsleistungen für die Beschäftigten realisiert werden.

SYSTEMATISCHES LOHN- UND SOZIALDUMPING ALS LUKRATIVES GESCHÄFTSMODELL

Noch eine weitere Gefahr versteckt sich hinter dem Etikett der „Reform" der Sozialversicherungen: ein Freibrief für Lohn- und Sozialdumping, indem den Krankenkassen die Prüfkompetenz entzogen wird und gleichzeitig die Strafen für Unternehmen, die ihre Beschäftigten nicht ordnungsgemäß bei der Sozialversicherung anmelden, auf ein Minimum reduziert werden. Die von der Bundesregierung beschlossene Aufhebung des Kumulationsprinzips in Verwaltungsstrafverfahren hat viel zu wenig beachtete, aber umso massivere negative Auswirkungen auf uns alle. Insbesondere betrifft das diejenigen, die regelmäßig zu unbezahlten Überstunden, Sonn- und Feiertagsarbeit gedrängt werden und atypisch oder prekär beschäftigt sind. Denn wenn beispielsweise ein Betrieb 300 Beschäftigte an einem Feiertag arbeiten ließ, musste er bisher mit einer Minimalstrafe von 72 Euro pro Kopf, also insgesamt 21.600 Euro rechnen. Ohne Kumulationsprinzip müssen aber nur noch 72 Euro bezahlt werden, der Umsatz an diesem einem Tag wird hingegen weitaus höher ausfallen.

> So wird es vor allem für große Unternehmen mit vielen Beschäftigten zukünftig weitaus billiger werden, im großen Stil zu betrügen und Beschäftigte um ihre Überstundenzulagen, Mindestlöhne und soziale Absicherung zu prellen, als sie korrekt anzustellen.

Ein bewusster Gesetzesbruch wird sich für Unternehmen rechnerisch auszahlen, unabhängig davon, ob es sich um fünf oder Dutzende Beschäftigte handelt, die unrechtmäßig unterbezahlt oder nicht versichert werden. Denn durch den Deckel wird die Strafe nur noch für eine einzige Person fällig werden. Systematische Gesetzesverletzungen werden durch die Deckelung der Verwaltungsstrafen sogar richtig lukrativ. Große Unternehmen haben in der Folge einen weiteren unfairen Vorteil gegenüber den kleinen und mittleren Unternehmen mit weniger Personal. So hat beispielsweise ein großer Betrieb, der jährlich an die hundert PraktikantInnen fälschlicherweise als VolontärInnen beschäftigt, die aber eigentlich ArbeitnehmerInnen sind, künftig nur eine minimale Strafe von 855 Euro zu befürchten. Es stellt sich also die Frage, warum ArbeitgeberInnen ihre Beschäftigten zukünftig überhaupt noch korrekt anstellen und entlohnen sollten, wenn sie bei Gesetzesverletzungen keine spürbaren Konsequenzen mehr zu erwarten haben. Das Gleiche gilt auch für Neue Selbstständige, die als Scheinselbstständige beschäftigt werden, aber eigentlich angestellt werden müssten. Sozialbetrug wird so zum Kavaliersdelikt. Durch diese Gesetzesänderungen werden die jahrelangen Bemühungen der Gewerkschaften, die Arbeitsbedingungen der Beschäftigten zu verbessern, einen großen Rückschlag erfahren. Auch Arbeitszeitüberschreitungen und unbezahlte Überstunden auf Kosten der Gesundheit der Beschäftigten werden so weiter zunehmen, weil die Strafe von rund 100 Euro nicht mehr für alle betroffenen Beschäftigten anfällt, sondern nur noch für eine Person. Die Strafe ist somit jedenfalls billiger als die korrekte Ausbezahlung aller Überstunden.

Die Abgabenprüfung der Gebietskrankenkassen und die daraus folgenden Verwaltungsstrafen für Unternehmen haben für die Beschäftigten eine wichtige Schutzfunktion gegen Ausbeutung, deren Wirkung nicht unterschätzt werden darf. Ohne sie verschlechtert sich für Menschen, die unter prekären Verhältnissen leben und arbeiten müssen, die Möglichkeit zur Durchsetzung ihrer Rechte ganz erheblich. Ihnen bleibt nun nur noch der Gang vor das Arbeits- und Sozialgericht, um ihnen vorenthaltene Löhne und Zulagen nachzufordern, die Beiträge für ihre Pensionsversicherung gehen ihnen jedoch verloren. Deswegen stören sich die VertreterInnen von Industrie und Unternehmen schon so lange daran, dass die Krankenkassen die Beiträge selbst einheben. Die Kassen prüfen dabei nämlich auch, ob die Beiträge korrekt abgegolten werden, und ahnden Unterentlohnung oder Scheinselbstständigkeit. An sie konnten sich Beschäftigte bisher wenden, wenn sie befürchteten, betrogen zu werden. Nun wird den Kassen die Beitragsprüfung komplett entrissen. Das bereits jetzt personell stark ausgedünnte Finanzministerium wird die gesamte Prüfkompetenz erhalten und nur noch auf die rechnerische Richtigkeit der Steuern und Abgaben achten, nicht darauf, ob die Rechte der Beschäftigten gewahrt bleiben.

> Unter dem Strich bedeutet diese „Reform" also Leistungskürzungen und weniger Macht für die Versicherten, weniger Kontrolle und weniger Rechtssicherheit.

LÄNGER ARBEITEN FÜR WENIGER GELD

Das letzte der leider viel zu vielen Beispiele für den unerbittlichen Klassenkampf von oben, den diese Regierung programmatisch betreibt, und auf das ich hier eingehen möchte, ist die Verlängerung der Arbeitszeit. RegierungsvertreterInnen nennen diese Verlängerung, durch welche die Freiheit der Beschäftigten, selbstbestimmt über ihr Leben und ihre Freizeit entscheiden zu können, erheblich beschnitten wird, „Flexibilisierung".

> Flexibler werden dadurch aber einzig und allein Unternehmen, die den Beschäftigten dadurch nur nach ihren eigenen Wünschen überlange Arbeitszeiten aufbürden können.

Deswegen wollte die ÖVP-FPÖ-Regierung auch still und leise, aber vor allem schnell und ohne große Diskussionen den 12-Stunden-Tag, begleitet von der 60-Stunden-Woche, für uns alle einführen – ohne die übliche Begutachtungszeit bei Gesetzesänderungen zu berücksichtigen. Sie wollte diesen Rückschritt rasch durchs Parlament peitschen, weil es sich dabei um den größten Angriff auf ArbeitnehmerInnen seit Jahrzehnten handelt.

Das bedeutet, schon ab September 2018 werden wir alle unabhängig von unserem Beruf potenziell länger arbeiten und dafür schlechter bezahlt werden dürfen. Kein Wunder, dass sich die Regierung dafür nicht mit der Kritik der Interessenvertretungen der Beschäftigten oder der Opposition auseinandersetzen will.

Schon im Regierungsprogramm stand eher versteckt, nicht im Kapitel „Arbeit", sondern bei „Wirtschaftsstandort und Entbürokratisierung", unter „Bürokratieabbau und Reduktion von Vorschriften für Unternehmen", als fadenscheinige Begründung geschrieben: „Je fortschrittlicher der Standort, desto flexibler die Arbeitszeit. Deutschland hat in der Vergangenheit die Arbeitszeit flexibilisiert, den Arbeitsmarkt reformiert und verzeichnet heute die niedrigste Arbeitslosenrate in der EU. Die österreichischen Arbeitszeitregelungen sind deutlich restriktiver, als die Europäische Arbeitszeit-Richtlinie vorgibt." Das lässt sich bestätigen, denn unsere ArbeitnehmerInnenschutzbestimmungen sind tatsächlich strenger, jedoch zum großen Vorteil von uns allen. Denn deswegen hatten wir bisher beispielsweise keine Missstände durch so menschenunwürdige Vertragskonstruktionen wie „Arbeit auf Abruf", wie sie in Deutschland dank dieser Reformen vorherrschen. Dort können, wie in der Einleitung beschrieben, Beschäftigte nach Lust und Laune der ArbeitgeberInnen eingesetzt werden, die übrige Zeit sitzen sie auf Abruf zu Hause und warten. Die Wartezeit zwischen den Arbeitseinsätzen gilt als Freizeit und ist unbezahlt. Wie viele Arbeitseinsätze sie bekommen, wissen die Beschäftigten nicht, auch nicht wie viel sie am Monatsende verdienen werden. Ein anderes, ähnlich „flexibles" Arbeitszeitmodell, auf das ich auch bereits in der Einleitung eingegangen bin, macht in Großbritannien den Menschen das Leben zur Hölle: die sogenannten „Null-Stunden-Verträge". Keine dieser weniger restriktiven Arbeitszeitregelungen ist aus Sicht der Arbeitenden, ihrer Familien und ihres sozialen Umfelds erstrebenswert.

Es ist auch nicht zutreffend, dass unser Arbeitszeitgesetz so streng war, dass seinetwegen notwendige Arbeiten nicht zeitgerecht verrichtet werden konnten, wie es von der Regierung unterstellt wird. Wir arbeiten bereits sehr flexibel und in allen Branchen und Berufen, die außergewöhnliche Arbeitszeiten erfordern, ist dies bereits möglich. Darum arbeiten von den 3.683.500 Millionen unselbstständigen Erwerbstätigen in Österreich schon heute rund eine Million an Sonn- und Feiertagen. Über eine halbe Million der Beschäftigten arbeiten regelmäßig in der Nacht, laut Statistik exakt 609.400 Personen. Außerdem arbeiten 713.400 Beschäftigte in Schicht-, Turnus- oder Wechseldiensten, die je nach Ausgestaltung auch Nacht- und fast immer Sonn- und Feiertagsarbeit beinhalten.[91] In den betreffenden Branchen, wie in der Land- und Forstwirtschaft, der Gastronomie und Beherbergung oder im Gesundheits- und Sozialbereich, ist dies auch zweifelsfrei notwendig. Die Behauptung, dass in Österreich nicht „flexibel" gearbeitet werden könne, ist also schlicht falsch.

Allerdings sind diese Arbeitszeiten für Beschäftigte mit Betreuungspflichten kaum einzurichten. Darum sind es in der Praxis vor allem junge Beschäftigte unter 34 Jahre und ältere Beschäftigte über 45 Jahre, die diese wenig familienfreundlichen Dienste übernehmen. In der Nachtarbeit sind 230.600 Beschäftigte unter 34 Jahre jung und 63.000 sind sogar jünger als 24 Jahre – das sind weit mehr als unter den 35- bis 44-jährigen Erwerbstätigen. Nur die 45- bis 54-Jährigen arbeiten häufiger in der Nacht als die Jungen. Besonders betreffen diese körperlich und psychisch schwer belastenden Arbeitszeiten außerdem Beschäftigte im formal niedrigeren Ausbildungssegment. 385.300 von ihnen haben maximal einen Lehrabschluss, 62.100 haben einen Pflichtschulabschluss.[92] Und es scheint, als ob die, die es sich aussuchen können, diese Arbeitszeiten verständlicherweise eher meiden würden. Schließlich ist die kleinste Gruppe derer, die auch nachts und an Tagen wie Weihnachten, Neujahr oder Ostern arbeiten müssen, die der AkademikerInnen in höherer beruflicher Stellung.

> Unregelmäßige und lange Arbeitszeiten sowie Nachtarbeit sind zudem nicht nur sehr anstrengend, sondern auch nachweislich gesundheitsschädlich und machen auf die Dauer krank.

Insbesondere der Gesundheit von Frauen schadet Nachtarbeit dramatisch, sie haben ein um 19 Prozent erhöhtes Krebsrisiko gegenüber tagsüber arbeitenden Frauen. Bei bestimmten Krebsarten ist das Risiko laut aktuellen Studien besonders hoch: Bei Hautkrebs liegt es um 41 Prozent höher, bei Brustkrebs um 32 Prozent und bei Magenkrebs um 18 Prozent.[93] Burn-outs aufgrund von Stress und langen Arbeitszeiten sind inzwischen unter Beschäftigten – sowohl bei Männern als auch bei Frauen – die häufigste Erkrankung. Sie nehmen weiter zu und belasten unser Gesundheitssystem massiv. Krankenstände aufgrund arbeitsbedingter psychischer Belastungen verursachen Kosten von rund 3,3 Milliarden Euro jährlich. Bereits ab der achten Arbeitsstunde ist ein starkes Ansteigen des Unfallrisikos festzustellen, auch längere Wochenarbeitszeiten führen zu steigender Unfallgefahr.[94] Der Sozialstaat trägt diese Kosten und damit wir selbst über unsere Steuern.

> Wir zahlen also nicht nur gesundheitlich, sondern auch finanziell bereits für diese „flexiblen" Arbeitszeiten eine hohe Rechnung.

Und dabei bleibt es nicht. Es geht bei dem Vorhaben, unser Arbeitszeitgesetz zu deregulieren, nicht nur darum, wie viel Zeit für unser Privatleben und unsere Liebsten bleibt, sondern um bedeutend mehr. Es geht um die Verteilung von sehr viel Geld und Macht, darum, wer „flexibel" sein soll und wer rücksichtslos die eigenen Interessen durchsetzen kann. Es geht auch um die Gleichstellung von Mann und Frau und nicht zuletzt um Arbeitsplätze. Arbeiten müssen bis zur Erschöpfung, mit einer 45- oder gar 50-Stunden-Woche, ist für viele keine Ausnahme, sondern leider die Regel.

Wir arbeiten schon ohne allgemeinen 12-Stunden-Arbeitstag viel zu lang und das zu einem großen Teil auch noch unbezahlt. Knapp 270 Millionen Überstunden werden jährlich geleistet, davon über 20 Prozent nicht bezahlt oder durch Zeitausgleich kompensiert. Im EU-Vergleich liegt Österreich mit rund 1.738 Stunden um knapp 58 Stunden über der Jahressoll-Arbeitszeit in der Eurozone. Gleichzeitig finden immer weniger Menschen einen soliden Arbeitsplatz und die Arbeitslosigkeit bleibt hoch. Mehr als ein Viertel der Vollzeit Arbeitenden leisten 90 Prozent aller Überstunden.[95]

> Während eine kleiner werdende Gruppe, die vorwiegend aus Männern besteht, immer mehr arbeitet, wird eine größer werdende Gruppe zum Zuschauen verdammt, auf der Arbeitssuche entwürdigt und mit Existenzängsten konfrontiert.

2016 wollten 313.000 Beschäftigte, die Teilzeit arbeiten, eigentlich länger beziehungsweise Vollzeit arbeiten. Das entspricht 15 Prozent aller Teilzeitbeschäftigten, womit die arbeitszeitbezogene Unterbeschäftigungsquote in Österreich insgesamt bei 5,2 Prozent liegt, durch die ungleiche Geschlechterverteilung in der Teilzeit bei Frauen sogar bei 7,1 Prozent. Die Arbeit wird nicht weniger, sie wird nur ungleicher verteilt. Frauen verlieren hierbei gleich in mehrfacher Hinsicht, denn fast jede Zweite arbeitet mittlerweile Teilzeit. Auch deswegen haben sie viel schlechtere berufliche Aufstiegschancen, werden seltener Führungskräfte und verdienen weniger als ihre Kollegen. Zudem werden sie besonders oft um ihr Geld gebracht, für knapp ein Drittel ihrer geleisteten Überstunden werden sie nicht einmal entschädigt. Die Dunkelziffer derjenigen, die zwar einen Teilzeitarbeitsvertrag haben, aber de facto Vollzeit arbeiten, ist hoch. In Branchen wie dem Handel, der Gastronomie und der Hotellerie steht einer großen Unterbeschäftigung, also vergleichsweise vielen Arbeitslosen, ein großes Volumen an Überstunden gegenüber. Das gleiche Phänomen zeigt sich auch bei Büroangestellten.

> Gerade in diesen Branchen werden Arbeitende schier ausgepresst und konstant zu unbezahlten Überstunden gezwungen, womit sich ihre ArbeitgeberInnen auf ihre Kosten jede Menge Geld sparen.

Wenn man diese Überstunden jedoch in Arbeitsplätze umrechnen würde, so könnten fast 20 Prozent der Arbeitssuchenden in diesen Branchen eine vollwertige Anstellung erhalten.[96]

Gleichzeitig verdichten sich die Arbeitsprozesse um ein Vielfaches und immer mehr Menschen bleiben dabei auf der Strecke. Ein Teil der Beschäftigten droht von der unheimlichen Menge an Arbeit erdrückt zu werden. Diese Beschäftigten müssen auch noch Angst vor jedem Ausfall durch Krankheit oder Urlaub haben, weil sie mit der Bewältigung ihres Arbeitspensums dann erst recht nicht mehr nachkommen. Während all dies passiert, führt die Regierung den 12-Stunden-Arbeitstag und die 60-Stunden-Woche als zulässige Höchstarbeitszeit für alle ein und schafft damit auch gleich unsere Überstundenzuschläge ab. Begleitet werden diese Maßnahmen von einem „erleichterten Zugang" zu Sonderüberstunden, dem Entfall der Voraussetzung des unverhältnismäßigen wirtschaftlichen Nachteils und der arbeitsmedizinischen Unbedenklichkeitsbescheinigung. Die Verhandlungen darüber werden auf Betriebsebene und „individuell" möglich sein, also ohne Schutz für die Beschäftigten durch die Gewerkschaft, einen Betriebsrat oder den Kollektivvertrag.

„Freiwillig" sollen die Beschäftigten länger arbeiten dürfen, heißt es dazu von der Regierung. Aber was für ein Druck dadurch auf Beschäftigte ausgeübt wird, die beispielsweise Betreuungspflichten haben und daher nicht in der Lage sind, „freiwillig" 60 Stunden pro Woche zu arbeiten, kann sich jede/r selbst ausmalen, die oder der schon einmal in der realen Arbeitswelt gearbeitet hat. Diejenigen, die dann nicht von 8 Uhr morgens bis 20 Uhr abends für ihren/ihre ArbeitgeberIn „flexibel" zur Verfügung stehen können, werden es am Arbeitsmarkt noch schwerer haben, alle anderen werden sich über kurz oder lang aus Angst fügen. Mehr Flexibilität gewinnen dadurch nur die Unternehmen, die Beschäftigten verlieren die Möglichkeit, selbstbestimmt über ihre Freizeit zu verfügen. Noch weniger Menschen werden noch mehr Arbeit bewältigen müssen. Die Schieflage in der Verteilung der Arbeitszeit wird somit noch steiler werden.

> Das ist kurzsichtiger Raubbau, bei dem nur an schnellen Profit gedacht wird, ohne Rücksicht auf Menschen. Nur aus einem einfachen Grund – es geht um zusätzlichen Profit für Unternehmen auf Kosten der Beschäftigten.

WAS WIR BRAUCHEN

Seit einem Vierteljahrhundert folgt die öffentliche Debatte stur und steif einem Dogma, das grundsätzlich verkehrt ist. Dieser Irrglaube, dass „die Wirtschaft" und „der Markt" übermächtige Naturgewalten wären, denen der Staat, die Politik, ja wir alle hilflos ausgeliefert wären, denen wir uns sogar unterwerfen müssten, sitzt tief. Der alte Leitsatz „Geht's der Wirtschaft gut, geht's uns allen gut!" hat sich jedoch nachweislich als falsch erwiesen. Auch, dass die „Trickle-down-Theorie", wonach der Wohlstand der Reichen nach und nach in die weniger privilegierten Schichten der Gesellschaft durchsickern würde, nicht hält, was sie verspricht, ist inzwischen mehr als eindeutig belegt. Selbst die konservative Chefin des Internationalen Währungsfonds, Christine Lagarde, hat inzwischen erkannt, dass es doch ein Problem ist, dass heute das reichste Prozent der Erdbevölkerung die Hälfte des gesamten Vermögens auf der Welt besitzt – ein Problem, gegen das es anzukämpfen gelte. Dies sagt sie nicht einmal aus einem „moralischen Imperativ" heraus, wie sie betont, sondern weil die wachsende Ungleichheit von Chancen, Einkommen und Vermögen das wirtschaftliche Wachstum hemmt, Vertrauen zerstört und die politischen Spannungen auf der Welt befeuert.[97] Auch in Österreich besitzt das reichste Prozent der Bevölkerung 40,5 Prozent des gesamten Nettovermögens. Fünf Prozent der Haushalte halten mehr als die Hälfte des Vermögens, das oberste Zehntel kommt auf 66 Prozent. Die restlichen 90 Prozent haben mit insgesamt 34 Prozent weniger Vermögen, als das reichste Prozent für sich allein hat. Die ärmere Hälfte der Bevölkerung muss sich bei uns mit 2,5 Prozent des Gesamtvermögens begnügen.[98] Aber es sind Menschen, die an der Börse spekulieren, Menschen, die ihr Vermögen auch auf Kosten anderer ins Unermessliche steigern wollen, Menschen, die für ihren unfassbaren, ja obszönen Reichtum andere Menschen ausbeuten. Es sind Menschen, die hinter Wirtschaftsmonopolen stehen, die aus platzenden Finanzblasen und selbst aus existenzvernichtenden Hungerkrisen noch einen maximalen, für uns nicht einmal vorstellbaren Gewinn ziehen. Dabei wäre es eigentlich ganz einfach, ginge es auch ganz anders. Auch jene profitorientierten Geschäftsmodelle, die über Leichen gehen, und „der Markt" als solches wurden von Menschen geschaffen – letzterer kann und muss daher auch von Menschen reguliert werden.

> Denn „die Politik" und „der Staat" sind eben nicht dafür da, um die idealen Bedingungen für „die Wirtschaft" zu schaffen, sondern primär für uns Menschen, die von ihr leben sollen. Die Frage ist dabei nicht ob, sondern nur in welche Richtung umverteilt wird.

Es geht darum, ob so wie in den letzten 30 Jahren eine Umverteilung nach oben stattfinden soll oder ob zu uns umverteilt wird. Zu denen, die tagtäglich durch ihre Arbeit und ihren Konsum den Sozialstaat und die öffentliche Infrastruktur finanzieren. Je weniger wir uns gesamtgesellschaftlich mit der Beantwortung dieser Frage beschäftigen, umso mehr beantworten andere diese für uns. Wirtschafts- und Arbeitsmarktpolitik muss logischerweise dazu dienen, dass gute Bedingungen für so viele Menschen wie möglich herrschen und nicht nur für eine Handvoll OligarchInnen, die sich untereinander unsere Wertschöpfung aufteilen. Zudem haben wir eine gewaltige Schieflage und ein größer werdendes Verteilungsproblem. Die deutliche Segmentierung des Arbeitsmarktes in Österreich, die sich im zunehmenden Auseinanderklaffen der Löhne, der Arbeitszeit und der sozialen Absicherung[99] zeigt, hat auch weitreichende Folgen für die politische Entwicklung.

Schon bei der letzten Nationalratswahl im Jahr 2017 haben ganze 1,3 Millionen Menschen, also über 17 Prozent der Wahlberechtigten, nicht mehr an der Wahl teilgenommen. Gemeinsam mit der Gruppe der wahlfähigen, aber nicht wahlberechtigten Personen, die inzwischen über eine Million Menschen umfasst, machen sie bald ein Drittel der Bevölkerung aus, das nicht mehr an diesem zentralen Instrument unserer Demokratie partizipiert. Beachtenswert, aber weithin unbeachtet an dieser Entwicklung ist, dass die sinkende Wahlbeteiligung unterschiedlich stark ausfällt, je nachdem ob es sich um privilegiertere oder sozial schlechter gestellte Bevölkerungsgruppen handelt. Denn Menschen in prekären Lebenslagen bleiben bei Wahlen eher zu Hause und gehen nicht wählen, sie haben also weniger Einfluss auf Wahlergebnisse. Es lässt sich sogar ein direkter sozialer Zusammenhang feststellen: je prekärer die Lebensverhältnisse, desto geringer die Wahlbeteiligung.[100] Eine aktuelle Studie hat diese Frage beleuchtet und bestätigt den allzu naheliegenden Befund: „Das Nicht-Wählen ist Ausdruck eines Gefühls, dass eigentlich gar nichts zu ‚wählen' ist und alle Parteien gleich ‚korrupte' Lobbies für die Mächtigen und Reichen sind. Es fehlt an ‚sozialer Gerechtigkeit'."[101]

Das Gefühl, nicht wahrgenommen zu werden, prägt prekär Beschäftigte, arbeitslose und arme Menschen, weil sie durch ihre begrenzten Ressourcen tatsächlich stark an der gesellschaftlichen Teilhabe behindert werden. Wer gerade einmal so über die Runden kommt, kann keinen Hobbys nachgehen, das Wirtshaus oder auch nur das Kaffeehaus besuchen. Arme Menschen leiden unter sozialer Ausgrenzung, sie werden stigmatisiert und von PolitikerInnen nicht selten als „faule Sozialschmarotzer" oder „Modernisierungsverlierer" abqualifiziert. Das Bild der „sozialen Hängematte", in der es sich arme Menschen, ja selbst Kinder bequem machen würden, zieht sich von den Neos, über die ÖVP bis zur FPÖ durch. So verwundert es auch nicht, dass folgende Grundbefindlichkeiten bei NichtwählerInnen festgestellt wurden: Gefühl massiver sozialer Ungerechtigkeit, des Ausgeliefertseins an bürokratische Willkür, das Gefühl, Bürger zweiter Klasse zu sein, das Gefühl fehlender sozialer Ordnung, ein radikaler Vertrauensverlust in die gesellschaftlichen Institutionen, Rückzug und Konzentration auf die Privatsphäre. Die Schlussfolgerung: Das Vertrauen in die Politik fehlt. Oder anders ausgedrückt: „Politiker leben in ihrer eigenen Welt. Warum soll ich das noch mit meiner Stimme legitimieren?"[102]

Diese brandgefährliche Entwicklung darf uns nicht egal sein.

Um den zerstörerischen und sich verstärkenden Dynamiken in unserer Arbeitswelt und Gesellschaft in Richtung Verarmung, Unsicherheit, Spaltung und Vereinzelung entgegenzuwirken, braucht es neben einem umfassenden Problembewusstsein einen klaren politischen Willen zur Veränderung. Und zwar bevor das Niveau unserer Lebensqualität ins Bodenlose sinkt und die völlige Aushöhlung unserer sozialen Systeme der Bevölkerung den letzten Glauben an die Demokratie und Rechtsstaatlichkeit nimmt.

Deswegen braucht es jetzt eine Reihe von konkreten Maßnahmen. Diese sind auch auf nationaler Basis und betrieblicher, sozialpartnerschaftlicher wie parlamentarischer Ebene umsetzbar und würden zu gewaltigen Verbesserungen der Arbeits- und Lebenswelten von uns allen in Österreich führen. Dazu brauchen wir ein konzertiertes, progressives Vorgehen der Politik, Gewerkschaften und ihrer Verbündeten in vier zentralen Handlungsfeldern: flächendeckende Lohnerhöhungen, eine stufenweise allgemeine Arbeitszeitverkürzung, eine bedingungslose soziale Absicherung für alle Menschen und die Etablierung eines neuen ArbeitnehmerInnen-Begriffs. Damit können wir sicherstellen, dass die Würde und die Versorgungssicherheit aller Menschen gewährleistet werden und ein größtmögliches Maß an Selbstbestimmtheit gegeben ist.

> Denn alle Menschen und ihre Angehörigen müssen in einem reichen Land wie Österreich durch Arbeit sozial abgesichert sein und unter menschenwürdigen Bedingungen gut davon leben können. Diesen Grundkonsens – und kein bisschen weniger als diesen – müssen wir als klaren Anspruch formulieren.

Bei allen Maßnahmen, für deren Umsetzung wir als Gemeinschaft in den nächsten Jahren hart werden kämpfen und uns organisieren müssen, gilt es, ihn handlungsleitend stets vor Augen haben.

FLÄCHENDECKENDE LOHNERHÖHUNGEN, DIE BEI ALLEN BESCHÄFTIGTEN ANKOMMEN

In den letzten 15 Jahren verlief die Lohnentwicklung in Österreich nur schleppend, das Wachstum der Löhne war schwach. Segmentierungsprozesse, also das zunehmende Auseinanderklaffen von Löhnen, Arbeitszeit und Beschäftigungsstabilität, gehören dafür neben der Finanz- und Wirtschaftskrise zu den Hauptursachen. Die Löhne entwickelten sich nämlich nicht für alle mäßig, im Gegenteil. Vielmehr war die schwache Gesamtentwicklung der Löhne maßgeblich durch eine schwache Lohnentwicklung in bestimmten Teilsegmenten des Arbeitsmarktes getrieben. Sie betraf in erster Linie die instabil Beschäftigten, die nicht einmal ein Jahr beim gleichen Arbeitgeber beschäftigt waren. Inflationsbereinigt nahmen die Löhne der stabil Beschäftigten um 7,1 Prozent zu, wohingegen die Reallöhne der instabil Beschäftigten mit einem minimalen Wachstum von 0,3 Prozent quasi stagnierten und im Zeitraum von 2000 bis 2015 von 1.352 Euro nur auf 1.821 Euro brutto stiegen. Im Jahr 2015 verdienten ganzjährig unselbstständig Beschäftigte im Mittel 2.438 Euro brutto ohne Sonderzahlungen pro Monat. Die unterjährig Beschäftigten erhielten nur 1.821 Euro brutto, sie wurden folglich um rund ein Viertel schlechter bezahlt.

Laut Wirtschaftsforschungsinstitut wären die Reallöhne seit dem Jahr 2000 insgesamt jedoch für uns alle um zehn Prozent stärker gestiegen, wenn sich die Löhne der instabil Beschäftigten gleich entwickelten hätten wie die der stabil Beschäftigten.[103] Neueste Daten zeigen zudem, dass bereits seit dem vierten Quartal 2016 das Lohnwachstum in Österreich überhaupt zurückgeht. Die realen Stundenlöhne waren in Österreich mit minus 0,6 Prozent sogar rückläufig. Auch die OECD kommt zum gleichen Befund wie das Wirtschaftsforschungsinstitut oder der Internationale Währungsfonds: Verantwortlich dafür seien neben einem schwächeren Produktivitätswachstum die Zunahme an Niedriglohnjobs verbunden mit einer Steigerung an unfreiwilligen Teilzeitbeschäftigten. Denn das Einkommen von Teilzeitbeschäftigten im Verhältnis zu jenem der Vollzeitbeschäftigten hat sich deutlich verschlechtert.[104]

> Es muss jedoch das oberste wirtschaftspolitische Ziel sein, dass alle Menschen von ihrer Arbeit leben können. Alles andere ist nicht nur ein unwürdiger Zustand für ein reiches Land wie Österreich, es ist auch kurzsichtig und zum Nachteil aller.

Österreich wird niemals einen „Standortwettbewerb" aufgrund von geringeren Lohnstückkosten als in seinen Nachbarländern gewinnen. Eine Unterwerfung unter dieses von Wirtschaftsliberalen stetig erhobene Diktat kann nur zum steigenden Lohndruck in allen EU-Ländern führen. Es ist ein Wettbewerb, bei dem von vorneherein alle nur verlieren können, aber niemand gewinnt. Wenn wir also die weitere Spaltung der Menschen in unserer Gesellschaft und die Verarmung eines erheblichen Teils der ÖsterreicherInnen verhindern wollen, kommen wir an einer ordentlich spürbaren Erhöhung der kollektivvertraglichen Mindestlöhne nicht vorbei.

> Alles schreit geradezu danach, selbst die wirtschaftsliberalsten Institutionen, die keinesfalls im Auftrag von Solidarität oder Nächstenliebe agieren, sondern aus puren wirtschaftlichen Interessen.

Wir alle würden massiv davon profitieren, wenn zumindest niemand mehr für unter 1.700 Euro brutto im Monat arbeiten gehen müsste und die Möglichkeit der Ausweitung der Mindestlöhne auch auf Branchen ohne eigenen Kollektivvertrag erleichtert werden würde. Es handelt sich hier ausschließlich um eine Frage der Vernunft und des Willens. Niemand, der behauptet in einer zivilisierten und friedlichen Gesellschaft leben zu wollen, kann das einer Reinigungskraft, einem Tellerwäscher, einer Frisörin oder einem Paketboten neiden. Auch sie müssen von ihrer Leistung, von der wir alle in irgendeiner Art und Weise abhängig sind, einigermaßen sorglos und menschenwürdig leben können. Ein Kompromiss kann und darf in dieser Frage nicht akzeptabel sein.

STUFENWEISE ARBEITSZEITVERKÜRZUNG DER NORMALEN UND REALEN ARBEITSZEIT

Eine Erhöhung der Mindestlöhne allein kann allerdings nicht mehr ausreichend sein, wenn die Gruppe der Beschäftigten, die tatsächlich in ihren Genuss kommt, immer kleiner wird. Die größte Gruppe der Betroffenen sind die über eine Million Teilzeitbeschäftigten. Denn neue Stellen sind in den letzten zehn Jahren fast ausschließlich im Ausmaß von Teilzeitarbeitsverhältnissen entstanden, die Zahl der Vollzeitarbeitsverhältnisse stagniert hingegen. Im Jahr 2008 waren die meisten Erwerbstätigen noch in Vollzeitarbeitsverhältnissen beschäftigt. Nach der Finanzkrise kam es 2009 zu einem Abbau von fast 60.000 Vollzeitstellen, begleitet von einem Zuwachs an Teilzeitstellen. 2013 war der Anstieg von Teilzeitstellen schon doppelt so hoch wie der von Vollzeitstellen und 2016 gab es schließlich um 371.300 mehr Teilzeitbeschäftigte, aber um nur 23.000 mehr Vollzeitbeschäftigte als zehn Jahre zuvor. Inzwischen sind 28,2 Prozent aller unselbstständig Erwerbstätigen, 38 Prozent der Frauen und 6 Prozent der Männer, nur noch Teilzeit beschäftigt.[105] Teilzeitbeschäftigte unterliegen aufgrund ihres geringeren Einkommens einem hohen Risiko, dadurch nicht nur während, sondern auch nach ihrem Erwerbsleben in der Armutsfalle zu landen. Das Risiko für Teilzeitbeschäftigte, in der Pension unter Altersarmut leiden zu müssen, ist doppelt so hoch wie für Vollzeitbeschäftigte. Eine zweijährige Teilzeiterwerbstätigkeit senkt die monatliche Durchschnittspension bereits um 1,7 bis 2,1 Prozent. Rund 212.000 PensionistInnen gelten als armuts- und ausgrenzungsgefährdet[106]. Wenn der Anteil der Teilzeitbeschäftigten weiter steigt, wovon wir aufgrund von mangelnden Kinderbetreuungsplätzen, Pflegemöglichkeiten für ältere Angehörige und Vollzeitarbeitsplätzen ausgehen müssen, werden es zukünftig noch mehr werden.

> Während sich also die einen auf Kosten ihrer Gesundheit und Familien kaputtarbeiten müssen, rutschen andere teilzeitbedingt in die Armutsfalle. Gleichzeitig werden jährlich knapp 270 Millionen Überstunden geleistet, davon über 20 Prozent nicht bezahlt oder durch Zeitausgleich kompensiert.

Im EU-Vergleich liegen wir bei den geleisteten Wochenstunden im europäischen Spitzenfeld. Mit durchschnittlich 41,4 Arbeitsstunden pro Woche belegt Österreich Platz drei, nur in Großbritannien und in Griechenland wird länger gearbeitet. Wir arbeiten deutlich länger als der EU-Durchschnitt.[107] Ebenso wie bei den Löhnen findet auch bei der Arbeitszeit ein Segmentierungsprozess statt. Sie wird zunehmend ungleicher verteilt: Die einen arbeiten zu lange, die anderen zu kurz, um davon sicher leben zu können. Nur wenig mehr als ein Viertel der Vollzeit Arbeitenden leistet 90 Prozent aller Überstunden. Während also eine kleiner werdende Gruppe immer mehr arbeitet, wird für eine größer werdende Gruppe die Arbeit knapp und sie wird zum Zuschauen verdammt.

Gleichzeitig verdichten sich Arbeitsprozesse zunehmend. Maschinen können künftig noch weitere Aufgaben übernehmen, um Menschen bei der Arbeit zu entlasten, um Prozesse zu beschleunigen und zu vereinfachen.

> Wir wissen aus unzähligen Studien, dass die Produktivität in einer 20-Stunden-Woche am höchsten ist und ab der sechsten Arbeitsstunde die Arbeitsleistung drastisch abnimmt. Daher wurde der technologische Fortschritt in der Vergangenheit auch von einer stetigen Arbeitszeitverkürzung begleitet – einfach weil es Sinn macht.

Weil durch kürzere Arbeitszeiten die vorhandene Arbeit auf mehr Köpfe verteilt werden würde. Weil bei einer 30-Stunden-Woche bei vollem Lohn- und Personalausgleich die hohen Verdienstunterschiede zwischen den Vollzeit- und Teilzeiterwerbstätigen stark zurückgehen würden. Weil Teilzeitbeschäftigte spürbar mehr verdienen würden, da es weniger schwierig wäre, Betreuungspflichten und Erwerbstätigkeit zu vereinbaren. Und weil die Belastungen für unser Gesundheitssystem geringer ausfallen würden, wenn sich weniger Menschen krank arbeiten müssten. Deswegen führt an einer Arbeitszeitverkürzung kein Weg vorbei, wir brauchen sie. Alles andere ist kurzsichtiger Raubbau, bei dem nur an schnellen Profit gedacht wird, ohne Rücksicht auf Menschen. Wie heute ging es auch in der Vergangenheit nicht, Arbeitszeitverkürzungen ohne den Kampf und Einsatz der Arbeitenden und ihrer Gewerkschaften durchzusetzen. Aber wenn das Wohl aller, der Beschäftigten, ihrer Kinder und Angehörigen, und nicht nur der Profit weniger großer Unternehmen im Vordergrund steht, dann führt daran kein Weg vorbei.

> Wir brauchen eine 30- und keine 60-Stunden-Woche. Gerade deswegen gilt es nun, sich zu Wort zu melden, sich zu organisieren und dagegenzuhalten.

Das müssen wir heute wieder mehr denn je, für Arbeitszeitverkürzung und gegen den 12-Stunden-Tag. Denn wir dürfen uns nicht wie Arbeitsmaterial behandeln lassen, das einfach weggeworfen und ersetzt wird, wenn es verschlissen ist. Die Wirtschaft muss für uns arbeiten, nicht wir für die Wirtschaft.

BEDINGUNGSLOSE SOZIALE ABSICHERUNG FÜR ALLE MENSCHEN

Im Jahr 2016 waren nur 47,2 Prozent der erwerbstätigen Frauen und 83,1 Prozent der Männer in einem „Normalarbeitsverhältnis" beschäftigt, mehr als jede zweite Frau und knapp jeder fünfte Mann war „atypisch" beschäftigt. Zu „atypischen" Beschäftigungen gehören neben Teilzeitbeschäftigungen ebenfalls befristete Dienstverhältnisse, Leiharbeitsverhältnisse und freie Dienstverhältnisse. Zusätzlich gibt es jedoch unzählige PraktikantInnen und VolontärInnen, die aufgrund ihrer fehlenden Anmeldung bei der Sozialversicherung nicht einmal statistisch erfasst werden können, und sogenannte Ein-Personen-Unternehmen und Neue Selbstständige. Sie haben wie undokumentiert Arbeitende und Frauen, die der gesellschaftlich notwendigen unbezahlten Familienarbeit nachgehen, alle ein gemeinsames Problem.

> Sie sind nur mangelhaft bis gar nicht sozial abgesichert, haben mit Schwierigkeiten oder höheren Kosten zu rechnen, wenn sie arbeitslos, krank oder schwanger werden sollten.

Die Armutsfalle in der Pension blüht ihnen allen ebenso wie den Teilzeitbeschäftigten.

Für die fast 320.000 SchülerInnen und Studierenden, die im Laufe ihrer Ausbildung oder ihres Studiums ein verpflichtendes Praktikum absolvieren müssen, ist es eher die Ausnahme als die Regel, während ihres Praktikums sozial abgesichert zu sein. Ein wenig besser, jedoch nicht wirklich anders, ist die Ausgangssituation für die mindestens ebenso vielen jungen Erwachsenen, die ein Praktikum vor und nach ihrer Ausbildung „freiwillig" absolvieren. Zu diesen gibt es leider keine Erhebungen, aber Studierende geben an, häufiger „freiwillig" ein Praktikum zu absolvieren als verpflichtend. Auch Umfragen unter SchülerInnen bestätigen diese Tendenz und selbst Lehrlinge geben an, vor ihrem Arbeitsbeginn als Lehrling bereits Praktika absolviert zu haben. Es ist daher davon auszugehen, dass die Anzahl der „freiwilligen" Praktika die der verpflichtenden deutlich übersteigt. Beide Gruppen, die nicht sozialversichert werden, müssen selbst das gesamte Risiko tragen, während ArbeitgeberInnen sich an ihnen abputzen und ihre Versicherungsbeiträge einsparen können. Nur 37 Prozent der Studierenden, die ein Pflichtpraktikum absolvieren, werden bei der Sozialversicherung angemeldet, Studentinnen werden mit 28 Prozent noch deutlich seltener sozialversichert als Studenten mit 50 Prozent. Bei den „freiwilligen" Praktika werden 57 Prozent der Studierenden sozialversichert. Studentinnen werden hier gleichfalls schlechter gestellt und mit 49 Prozent deutlich seltener sozialversichert als Studenten mit 67 Prozent.[108] 18 Prozent aller PraktikantInnen arbeiteten überhaupt nur auf Basis von Werkverträgen, freien Dienstverträgen oder auf Honorarbasis. 17 Prozent geben zudem an, dass sie nur eine mündliche Vereinbarung und keinen Vertrag über ihr Praktikum abgeschlossen haben.[109] Junge Studierende und SchülerInnen haben noch das Glück, sich über die meist drei bis sechs Monate andauernden Praktika bei ihren Eltern zumindest in der Krankenversicherung mitversichern lassen zu können. Allerdings gilt das nicht für die Arbeitslosen- und Pensionsversicherung, dort fehlen ihnen diese für sie so wichtigen Beitragszeiten. Über 27-jährige Studierende haben nicht einmal diese Möglichkeit, sie sind vollkommen auf sich allein gestellt und können sich die Selbstversicherung bei der Krankenkasse häufig nicht leisten. Sie gehören mit zu den Tausenden Menschen in Österreich, die ohne Versicherung leben und durch die Löcher im Netz der sozialen Absicherung fallen.

Auch die soziale Absicherung von Soloselbstständigen ist viel schwächer ausgeprägt als die von unselbstständig Erwerbstätigen und daher mangelhaft. Von UnternehmerInnen wird erwartet, dass sie sich in umsatzstarken Phasen genug Kapital auf die Seite legen, um die wirtschaftlich schwächeren Phasen überbrücken zu können. Das Problem von vielen Ein-Personen-Unternehmen, Neuen Selbstständigen und gerade von Scheinselbstständigen liegt allerdings darin, dass sie so geringe Gewinne erwirtschaften, dass es ihnen in der Regel kaum möglich ist, für Krankheitsfälle und andere Ausfälle zu sparen. Der Median ihres Nettojahreseinkommens liegt bei nur 16.322 Euro brutto, 86.703 Soloselbstständige liegen dazu mit ihrem Einkommen unterhalb der Veranlagungspflicht von bis zu 11.000 Euro pro Jahr. Das bedeutet also, dass der ohnehin schon sehr niedrige Gesamtschnitt der EPU-Einkommen in Wirklichkeit noch tiefer liegt. Umgekehrt ist die vergleichsweise hohe Armutsgefährdung von 13,8 Prozent unter den Soloselbstständigen dadurch wohl noch höher. Wenn Soloselbstständige krank werden oder aus anderen Gründen nicht arbeiten können, haben sie kein Einkommen. Gerade deswegen ist es für sie oft ein existenzbedrohlicher Umstand, dass das Krankengeld erst ab dem 42. Krankheitstag gewährt wird und es gerade einmal 29 Euro pro Tag beträgt. Es ist zwar möglich, sich freiwillig zur Zusatzkrankenversicherung bei der SVA anzumelden, diese zusätzlichen Kosten können sich aber nur die wenigsten leisten. Und auch sie bietet lediglich die besagten 29 Euro Krankengeld pro Tag, wenn auch ab dem vierten Tag der Erkrankung. Das Wochengeld beziehungsweise die „Betriebshilfe" für die Zeit des Beschäftigungsverbots acht Wochen vor und nach einer Geburt wird Frauen nur in der Höhe von rund 50 Euro pro Tag gewährt. Eine reguläre Arbeitslosenversicherung für Soloselbstständige gibt es nicht, daher sind die meisten von ihnen auch nicht gegen Arbeitslosigkeit versichert.

Eine flächendeckende ordentliche soziale Absicherung für alle Menschen ist also bei Weitem keine Selbstverständlichkeit. Dass unbezahlte Familienarbeit und Kindererziehung zudem insbesondere so vielen Frauen im Alter zum Verhängnis werden, ist eine schreiende Ungerechtigkeit. Diese Arbeiten sind zwar zwingend notwendig, aber bei unseren aktuellen langen Arbeitszeiten und dem mangelnden Kinderbetreuungs- und Pflegeangebot nur schwer mit Erwerbsarbeit vereinbar. Weil sie immer noch vorwiegend von Frauen geleistet werden und es neben einer Entlohnung dafür auch keine adäquate Anrechnung für die Altersvorsorge gibt, werden Frauen dadurch gleich doppelt benachteiligt.

> Ebenso wenig gerecht ist, dass Neue Selbstständige und Ein-Personen-Unternehmen, trotz ihrer durchaus hohen Einzahlungen in die Gewerbliche Sozialversicherung, de facto schon bei einer 14-tägigen Grippe Angst vor einem existenzbedrohenden Umsatzverlust haben müssen und nicht arbeitslosenversichert sind.

Dieser Zustand widerspricht der Annahme, dass man durch Arbeit, auch wenn es sich dabei um keine Erwerbsarbeit handelt, sicher und ohne Zukunftsängste leben kann. Somit läuft er dem oben aufgestellten Grundkonsens entgegen, dass alle Menschen und ihre Angehörigen in einem reichen Land wie Österreich durch Arbeit sozial abgesichert sein müssen – ein Konsens, der uns so fehlt und den wir heute wieder so dringend brauchen. Auch hier darf es also nicht um einen Kompromiss gehen. Statt bestehende Leistungen der Sozialversicherung infrage zu stellen und abzubauen, muss deren stetiger Ausbau wieder selbstverständlich und eines der obersten sozial- und wirtschaftspolitischen Anliegen werden. Nur so wird sich das Sicherheitsempfinden der Bevölkerung wieder verbessern und die berechtigten Ängste der Menschen werden nicht mehr zum Einfallstor für rechtsliberale Symbolpolitik.

NEUER ARBEITNEHMERiNNEN-BEGRIFF

Die letzte Maßnahme, die aber ebenso wesentlich im Vorgehen gegen die Segmentierung des Arbeitsmarkts und die Vereinzelung der Arbeitenden ist wie die vorhergehenden, ist die Etablierung eines neuen ArbeitnehmerInnen-Begriffs.

> Denn je stärker die Spaltung am Arbeitsmarkt voranschreitet und Arbeitende gegeneinander ausgespielt werden können, umso schwächer sind und werden wir als Beschäftigte zwangsläufig insgesamt. Wir dürfen uns nicht weiter in eine Konkurrenzsituation zwingen lassen, in der wir uns davor fürchten müssen, durch schlechter gestellte, billigere Kolleginnen und Kollegen ersetzt zu werden.

Es ist egal, ob es „die Praktikantin", „der Freie" oder die befristeten Kolleginnen und Kollegen sind, am Ende des Tages sitzen wir alle im selben Boot und müssen gemeinsam rudern. Solange wesentliche ArbeitnehmerInnen-Grundrechte wie Urlaubsanspruch, Mutterschutz, Höchstarbeitszeiten und Kündigungsfristen nicht für alle Beschäftigten gelten, drohen sie von ArbeitgeberInnen als lästige Privilegien wahrgenommen zu werden, die es zu umgehen gilt. Für Neue Selbstständige und Freie DienstnehmerInnen gelten keine kollektivvertraglichen Mindestlöhne, keine Sonderzahlungen wie Urlaubs- und Weihnachtsgeld, kein Arbeitszeitgesetz, Mutterschutz oder Kündigungsfristen. In der Praxis werden sie jedoch oft so wie Silje für exakt die gleichen Tätigkeiten eingesetzt wie ihre angestellten Kolleginnen und Kollegen. Das kann nur zu Konkurrenz und Druck unter der Belegschaft führen. Zeitarbeitskräfte und befristet Beschäftigte können mit ihrer unsicheren Arbeitssituation ständig unter Druck gesetzt, mit einer vermeintlichen Fixanstellung gelockt und zur Selbstausbeutung gedrängt werden. Gleichzeitig wird mit ihnen ein kollektives Miteinander in der Belegschaft erschwert. Unterschiedliche Arbeitsvoraussetzungen und Konkurrenz komplizieren ein geschlossenes Auftreten und treten einem einvernehmlichen Fordern entgegen.

Wer nur einige wenige Monate in einem Betrieb beschäftigt ist, hat meist nicht einmal die Gelegenheit, den zuständigen Betriebsrat oder die Betriebsrätin überhaupt kennenzulernen. Das macht die Vernetzung und Organisation dieses Teils der Belegschaft um einiges schwerer. Klassische gewerkschaftliche Organisationsarbeit über Betriebsratskörperschaften stößt nicht nur durch stark ausdifferenzierte Arbeitszeiten und Einsatzorte an ihre Grenzen, auch sehr unterschiedliche Interessenlagen unter den Beschäftigten werden zum zusätzlichen Hemmnis. So werden junge Beschäftigte mit der Forderung nach einer sechsten Urlaubswoche nach dem 15. Dienstjahr wenig zu begeistern sein. Ältere Beschäftigte, deren Familiengründungen schon weiter zurückliegen, werden hingegen nicht gerade dringend nach der Einführung der Väterkarenz im Betrieb schreien. Aber wenn zusätzlich unterschiedliche Dienstverträge, Gehaltsschemen und Arbeitszeitregelungen zum Tragen kommen, wird es dementsprechend noch viel komplexer.

> Wir müssen jedoch für alle, die arbeiten, die Standards so setzen, dass ein selbstbestimmtes Leben möglich ist, mit einem würdigen Mindestmaß an Entlohnung, Sicherheit und Perspektive.

Und das funktioniert nur, wenn wir erkennen, dass die Grenze nicht zwischen formal unselbstständigen oder selbstständigen, fix oder temporär Beschäftigten verläuft. Sie trennt auch nicht AssistentInnen, SekretärInnen, Fachkräfte, Lehrlinge, GruppenleiterInnen oder mittlere Führungskräfte voneinander.

> Die Grenze verläuft zwischen jenen, die für ihr Auskommen arbeiten müssen, und jenen, die das Privileg besitzen, ihr Geld für sich arbeiten lassen zu können.

Ein positiver Präzedenzfall, den sich Österreichs GewerkschafterInnen zum Vorbild nehmen können, kommt von der größten dänischen Gewerkschaft „3F". Sie hat es geschafft, einen neuen Tarifvertrag von geradezu historischer Bedeutung durchzusetzen, der formal selbstständige, de facto jedoch scheinselbstständige Reinigungskräfte einer Online-Plattform in Beschäftigte mit allen entsprechenden Rechten für ArbeitnehmerInnen verwandelt. Schon mit August 2018 wurden Hunderte von Beschäftigten der Plattform „Hilfr.dk" für die Reinigung in privaten Haushalten mit dem neuen Tarifvertrag auch durch das EU- und nationale Arbeitsrecht geschützt. Damit erhalten sie automatisch Rentenbeiträge, Urlaubsgeld und Krankengeld. Ein weiteres Beispiel für ihren neuen Schutz ist, dass die Reinigungskräfte, bevor sie von der Plattform entfernt werden können, eine Benachrichtigung mit einem vernünftigen Grund bekommen müssen. Sie erhalten ebenfalls deutlich höhere tarifvertragliche Löhne von mindestens 141 Dänischen Kronen, das entspricht circa 19 Euro pro Stunde. Zuvor hatten sie als freiberufliche Reinigungskräfte nur etwa 115 Dänische Kronen pro Stunde, also etwa 15,50 Euro, ohne Rentenbeiträge, Urlaubsgeld oder Krankengeld erhalten. Das dänische Ministerium für Industrie, Wirtschaft und Finanzen schätzt, dass es im Jahr 2017 in Dänemark rund 140 digitale Plattformen gab, die unter den neuen Tarifvertrag fallen. Wie die österreichischen sind es die dänischen Beschäftigten gewohnt, für alle Branchen gültige Tarifverträge zu haben. Was in Dänemark funktioniert, kann auch in Österreich greifen, und genau das muss unser Anspruch sein.

> Es darf keine Beschäftigten zweiter Klasse oder TagelöhnerInnen in Österreich mehr geben. Am Ende sind wir, die wir von unserer Arbeit leben müssen, allesamt Lohnabhängige und auf eine starke Gewerkschaft und gesetzlichen Schutz angewiesen. „Teile und herrsche" darf nicht länger das Erfolgsrezept der paar wenigen Besitzenden und ihrer Parteien sein, mit dem sie auf unsere Kosten weiter ein Leben in obszönem Reichtum führen können.

Daher ist ein Gebot der Stunde, den ArbeitnehmerInnen-Begriff an die heutige Zeit anzupassen und die Frage der wirtschaftlichen Abhängigkeit zum obersten Kriterium zu erheben.

FAZIT

Flächendeckende Lohnerhöhungen, eine stufenweise allgemeine Arbeitszeitverkürzung, eine bedingungslose soziale Absicherung für alle Menschen und die Etablierung eines neuen ArbeitnehmerInnen-Begriffs können in ihrer Gesamtheit dazu führen, dass wir Arbeitenden der Spaltung, der Entsolidarisierung und somit der Schwächung der Beschäftigten entgegenwirken.

> Aber nur, wenn wir uns selbst als Kollektiv begreifen und uns auch als solches organisieren, können wir den Machtausgleich bewerkstelligen, den wir wieder brauchen, um uns, unseren Kindern und Enkelkindern ein selbstbestimmtes, sicheres und chancengerechtes Leben zu ermöglichen. Dazu gehört die Erkenntnis, dass wir unabhängig von Herkunft, Geschlecht, Hautfarbe, Alter und subkultureller Gruppe eine Gemeinschaft sind, mit den gleichen Problemen und ähnlichen Notlagen.

Alte Klischees und habituelle Unterschiede werden uns dabei zum Verhängnis, weil sie unsere Spaltung noch zusätzlich befeuern und uns blind für unser gemeinsames Schicksal und die gemeinsamen Kämpfe machen, die wir jetzt so dringend Seite an Seite führen müssen. Denn der soloselbstständige Grafiker im urbanen Zentrum kann im gleichen Ausmaß unter den gleichen Entwicklungen am Arbeitsmarkt leiden wie die unfreiwillig Teilzeitbeschäftigte im Handel oder der Leiharbeiter am Fließband. Tatsächlich sind sie alle Teil einer wachsenden Gruppe von Menschen, die mittlerweile nicht nur als „Neue ArbeiterInnenklasse" bezeichnet werden kann, sondern von der Öffentlichkeit, den Interessenvertretungen und nicht zuletzt auch von sich selbst als solche verstanden werden muss, will sie an ihrer Situation etwas verändern. Am Anfang des gesellschaftlichen Umbruchs, der maßgeblich von dieser Klasse, ihren Vertretungen und politischen Verbündeten gestaltet werden muss, steht demnach zwingend das Bewusstsein, Teil eines größeren Ganzen zu sein. Und am Ende steht die gemeinsame Organisierung durch die Gewerkschaft, die lernen muss, die unterschiedlichen Ausgangssituationen auch als Teil ihrer neuen Stärke zu erkennen. Bei all ihrer Komplexität fördert Diversität nämlich auch Kreativität, Empathie und das Finden von neuen Zugängen zu alten, jedoch auch konstant gebliebenen Bedingungen. Denn ein einzelner Beschäftigter beziehungsweise eine einzelne Beschäftigte wird aufgrund des Machtungleichgewichts zwischen ArbeitgeberIn und ArbeitnehmerIn immer in einer wesentlich schwächeren Position bleiben, um die eigenen Interessen durchsetzen zu können. Nur durch den Zusammenschluss in der Gruppe, ein geschlossenes Handeln und Auftreten kann in dieser Konstellation annähernd Augenhöhe hergestellt werden.

> Das kollektive und solidarische Agieren ist die einzige Ausgleichsmöglichkeit, die lohnabhängigen Menschen tatsächlich Macht verleiht. Individuelle Kämpfe, Anbiederung und Unterwerfung funktionieren – wenn überhaupt – stets nur temporär und machen letztendlich doch und teils sogar noch mehr abhängig.

Darum ist der Zusammenschluss der Arbeitenden zu Gewerkschaften ein zeitloses Konzept. Eine Idee, die heute so gut funktioniert wie gestern und es auch noch morgen tun wird. Eine Idee, die in Zeiten des arbeits- und sozialrechtlichen Rückschritts wie jenem, den wir unter einer rechtsliberalen Regierung gerade miterleben, sogar noch an zusätzlicher Bedeutung gewinnt. Eine Idee, die schließlich für die neue Arbeiterklasse die einzige Gegenwehr angesichts der bürgerlichen Verrohung und der Ideologie der Ungleichwertigkeit unserer Zeit verspricht[110]. Wir leben in einer Zeit, in der arme, kranke, notleidende Menschen und Arbeitende im prekären Niedriglohnbereich ebenso entmenschlicht werden wie Flüchtlinge, die man im Meer einfach still ertrinken lässt. Wir beobachten eine Entwicklung, in der politische Verantwortung zusehends negiert und stattdessen individuelles Versagen Einzelner aus Klassismus vorgeschoben wird.

> Eine Phase, in der wir uns auf der menschlichen Ebene zurückentwickeln, ist eine Phase des gesellschaftlichen Rückschritts.

Die Fortschritte unserer Zeit dürfen nicht länger nur technischer Natur sein, einzig zur Steigerung des Profits einer kleinen Gruppe eingesetzt, sie müssen vor allem auch sozialer Natur sein. All der technische Fortschritt ist keine Errungenschaft, wenn er nicht zur Verbesserung der Lebensbedingungen der Menschen führt.

Die Arbeitenden waren stets jene, die Fortschritt überhaupt erst ermöglicht haben, den technologischen wie den gesellschaftlichen. Sie sind diejenigen, die Häuser und Straßen bauen, die Alte und Kranke pflegen, die Kinder in ihrer Entwicklung begleiten und für ein funktionierendes Gemeinwesen sorgen. Die Arbeitenden sind das Fundament und das Rückgrat unserer Gesellschaft, all der von ihnen entwickelte und erarbeitete Fortschritt und Wohlstand muss daher in erster Linie ihnen und ihren Angehörigen zugutekommen. Diese theoretische Selbstverständlichkeit sollte endlich Eingang in die Praxis finden.

> Noch haben wir die Möglichkeit uns zu wehren und mitzuentscheiden, wie Arbeit zukünftig gestaltet und mit uns umgegangen wird. Denn Rechte fallen nicht vom Himmel. Niemand wird sie uns schenken, wir müssen sie uns erkämpfen. Der Druck am Arbeitsmarkt, unter dem wir schon jetzt alle leiden, ist die Folge gezielter Einflussnahme und bewusster Spaltungen.

Die Beschneidung von Rechten und Mitsprachemöglichkeiten ist nur dem Profitstreben geschuldet, keiner echten Notwendigkeit – auch wenn manche uns das noch so oft und aufwendig einzutrichtern versuchen.

> Wenn wir etwas ändern wollen, gilt es, sich jetzt zu Wort zu melden, sich zu organisieren und dagegenzuhalten. Heute wieder mehr denn je.

Danksagung

Inzwischen ist es vier Jahre her, dass mir mein damaliger Mentor den Floh ins Ohr gesetzt hat, ein Buch über meine Erfahrungen in der Arbeit mit prekär Beschäftigten zu schreiben. Nicht nur, aber auch dafür werde ich Karl Proyer stets dankbar bleiben, seine Erinnerung bewahren und dabei ein Lächeln im Gesicht tragen.

Noch größerer Dank gebührt meinem Mann Sebastian Bohrn Mena. Er hat mich durch seine stetige Ermutigung nicht nur davon überzeugt, die Idee in die Tat umzusetzen, sondern mich auch bei der Umsetzung mit seinem scharfen Geist als kritisches Gegenüber wesentlich unterstützt.

Mein größter Dank richtet sich natürlich an die Betroffenen, die mir ihr Vertrauen, ihre Geschichten und ihre Zeit geschenkt und dieses Buch somit überhaupt erst möglich gemacht haben. Ihr Mut, ihre Kraft und ihre Größe hat mich beeindruckt zurückgelassen. Sie sind es, die diesem Buch einen besonderen Wert verliehen haben.

Ausdrücklich bedanken möchte ich mich auch bei Iris Kraßnitzer und Melissa Huber. Sie haben sich mit vollem Engagement dafür eingesetzt, aus einem Konzept und einem Manuskript ein wunderbares Buch zu machen. Und schließlich, aber nicht zuletzt, danke ich Wolfgang Katzian, der mich zu meiner großen Freude ohne zu zögern mit seinem Geleitwort beehrt hat.

Glossar

Arbeit auf Honorarbasis

Auf Honorarbasis arbeiten Freie DienstnehmerInnen, Neue Selbstständige und Ein-Personen-Unternehmen. Für ihre Arbeitsleistung beziehungsweise „ihr Werk" müssen sie Honorarnoten stellen.

Atypische Beschäftigung

Als „atypisches Dienstverhältnis" gilt jedes Arbeitsverhältnis, das kein unbefristetes Vollzeitarbeitsverhältnis ist. Unter „atypisch Beschäftigte" werden also Freie DienstnehmerInnen, geringfügig Beschäftigte, Teilzeitbeschäftigte, Leiharbeitskräfte, fallweise Beschäftigte, PraktikantInnen und VolontärInnen zusammengefasst.

Befristetes Dienstverhältnis

Ein befristetes Dienstverhältnis wird nur für die Dauer eines begrenzten und im Vorfeld festgelegten Zeitraums abgeschlossen. Bis auf die zeitliche Befristung gelten jedoch alle rechtlichen und kollektivvertraglichen Vorschriften eines unbefristeten Dienstverhältnisses.

Ein-Personen-Unternehmen

„Ein-Personen-Unternehmen" sind Soloselbstständige ohne eigene Beschäftigte, die ein geschütztes Gewerbe ausüben, für das sie eine Gewerbeberechtigung benötigen. Sie sind daher Mitglieder in der Wirtschaftskammer.

Flexibilisierung
Als „Flexibilisierung" werden von Wirtschaftsliberalen zumeist unternehmensfreundliche deregulierende Eingriffe in Gesetze wie das Arbeits-, Sozialversicherungs- und Steuerrecht bezeichnet. Fast immer gehen diese deregulierenden Eingriffe auch mit Einschnitten in ArbeitnehmerInnenrechte einher, wodurch sie sich im Nachhinein oft als nachteilig für Beschäftigte erweisen.

Freies Dienstverhältnis
Ein freies Dienstverhältnis wird durch einen Freien Dienstvertrag begründet. Freie DienstnehmerInnen unterliegen nicht dem Arbeitsrecht, gelten sozialversicherungsrechtlich als unselbstständig, steuerrechtlich jedoch als selbstständig.

Gehaltsschema
Ein Gehaltsschema legt innerhalb eines Kollektivvertrages die Mindestgehälter laut Berufserfahrung und Betriebszugehörigkeit für die jeweilige Berufsgruppe fest.

Geringfügige Beschäftigung
Geringfügige Beschäftigung ist ein Dienstverhältnis mit nur wenigen Stunden und geringer Entlohnung. Die Geringfügigkeitsgrenze, die nicht überschritten werden darf, liegt bei rund 440 Euro monatlich.

Habituelle Codes
Der Habitus bezeichnet spezielle Umgangsformen, Gewohnheiten und Vorlieben im sozialen Verhalten von Menschen, die auf die Zugehörigkeit zu einer der jeweiligen Gruppen innerhalb einer Gesellschaft schließen lassen.

Kapazitätsorientiertes variables Arbeitszeitmodell/Arbeit auf Abruf
Das ist eine aus den USA übernommene Form der Teilzeitarbeit, bei der die Arbeitsleistung der Beschäftigten im Umfang zwar fest

vereinbart wird, die tatsächliche Arbeit jedoch auf Abruf durch die ArbeitgeberInnen erfolgt. Für die MitarbeiterInnen ist damit im Extremfall eine ständige Arbeitsbereitschaft verbunden.

Kettenvertrag
Als Kettenvertrag gilt es, wenn Beschäftigte vom gleichen Arbeitgeber wiederholt nur befristete Dienstverträge erhalten, anstatt dauerhaft angestellt zu werden. Kettenverträge sind in Österreich bis auf wenige Ausnahmen verboten.

Leiharbeitsverhältnis
Solche Arbeitsverhältnisse werden auch „Arbeitskräfteüberlassung" oder „Zeitarbeit" genannt. LeiharbeiterInnen werden von Personalvermittlungsfirmen an andere Unternehmen für Arbeitseinsätze temporär „verliehen", also „überlassen".

Mindestlohn
Dieser wird in Österreich in den Kollektivverträgen verankert, in anderen Ländern aber auch durch ein Gesetz festgelegt.

Neue Selbstständige
Neue Selbstständige sind Soloselbstständige ohne eigene Beschäftigte, die ein freies Gewerbe ausüben, wofür sie keine Gewerbeberechtigung benötigen. Sie sind daher weder Mitglieder in der Wirtschaftskammer noch in der Arbeiterkammer.

Praktikum
Ein Praktikum ist ein Ausbildungsverhältnis, das in Schul- oder Hochschullehrplan vorgeschrieben ist. Im Arbeitsrecht gibt es kein „Praktikum", sondern nur ein „Volontariat", bei dem keine Arbeits- und keine Entlohnungspflicht besteht. Jedes „freiwillige" Praktikum, das außerhalb der Ausbildung absolviert wird, ist ein normales befristetes Arbeitsverhältnis.

Prekäres Arbeitsverhältnis
Ein Arbeitsverhältnis gilt als prekär, wenn nur geringe Sicherheit über dessen Dauer und Stabilität, über die Entlohnung der Arbeit sowie wenig Einfluss auf die Ausgestaltung der Arbeitssituation besteht und der arbeitsrechtliche Schutz lediglich partiell gegeben ist.

Scheinselbstständigkeit
Scheinselbstständige sind Beschäftigte, die in der Praxis eigentlich die Merkmale von unselbstständigen, „normalen" Beschäftigten erfüllen und fälschlicherweise als Freie DienstnehmerInnen, Neue Selbstständige oder Ein-Personen-Unternehmen beauftragt werden.

Soziale Absicherung
Unter „soziale Absicherung" fasse ich den Versicherungsschutz durch die Kranken-, Unfall-, Arbeitslosen- und Pensionsversicherung zusammen.

Tarifvertrag/Kollektivvertrag
Tarifvertrag ist der deutsche Begriff für Kollektivvertrag. Diese werden von der Gewerkschaft für die Beschäftigten der jeweiligen Branchen verhandelt und enthalten neben den Mindestlöhnen auch die Regelungen über branchenübliche Arbeitszeitvorschriften, Sonderzahlungen wie Urlaubs- und Weihnachtsgeld sowie weitere Vergünstigungen für Beschäftigte.

Überlassungshöchstdauer
Die Überlassungshöchstdauer ist die maximal zulässige Dauer, die Beschäftigte überlassen, also „verliehen" werden dürfen, bevor sie fest angestellt werden müssen.

Endnoten

1. Eurofound (2017): Erwerbstätige, die denken, dass sie in den nächsten 6 Monaten ihre Arbeit verlieren könnten, nach Geschlecht und Alter, Eurostat-Datenbank, abgerufen im August 2018
2. Arbeitsmarktservice Österreich (2018): Spezialthema zum Arbeitsmarkt
3. Eppel, R.; Leoni, T.; Mahringer, H. (et al.): Segmentierung des Arbeitsmarktes und schwache Lohnentwicklung in Österreich. Wien: WIFO (2017), S. 30
4. Klapfer, K.; König, S.; Wanek-Zajic, B.: Registerbasierte Statistiken Erwerbstätigkeit, Wiedereinstellungen. Wien: Statistik Austria (2018), S. 1
5. Eppel, R.; Horvath, T.; Mahringer, H.: Arbeitsmarkt im Focus. Wien: WIFO, Arbeiterkammer Wien (2014), S. 37
6. Lamei, N.; Braun, C.; Glaser, T.: EU-SILC Einkommen, Armut und Lebensbedingungen. Wien: Statistik Austria (2017), S. 122
7. Eppel, R.; Leoni, T.; Mahringer, H.: Segmentierung des Arbeitsmarktes und schwache Lohnentwicklung in Österreich. Wien: WIFO (2017), S. 49
8. Weinkopf, C.; Hieming, B.; Mesaros, L.: Prekäre Beschäftigung. Duisburg-Essen: Institut Arbeit und Qualifikation (IAQ) (2009), S. 6
9. Castel, R.; Dörre, K.: Prekarität, Abstieg, Ausgrenzung. Die soziale Frage am Beginn des 21. Jahrhunderts. 1. Aufl., Campus (2009), S. 424
10. Leichter, K.: Wie leben die Heimarbeiter?, 1923
11. Lukawetz, G.; Riesenfelder, A.; Danzer, L.: Demographie und Sozialstatistik von EPU/Solo-Selbstständigen, Analysen aus den Datenbeständen der Statistik Austria. Wien: L&R Sozialforschung (2015), S. 58
12. Fasching, M.; Knittler, K.; Moser, C.: Arbeitsmarktstatistiken, Ergebnisse der Mikrozensus-Arbeitskräfteerhebung und der Offenen-Stellen-Erhebung. Wien: Statistik Austria (2018), S. 41
13. ENTWURF DES GEMEINSAMEN BESCHÄFTIGUNGSBERICHTS, Begleitdokument zur Mitteilung der Kommission zum Jahreswachstumsbericht 2014. Brüssel: Europäische Kommission (2013), S. 43
14. Kratz, W.: Margaret Thatchers traurige Bilanz. In: Die Zeit, Ausgabe 34/1985, Hamburg
15. Coutts, K.; Gudgin, G.: The Macroeconomic Impact of Liberal Economic Policies in the UK Report. Cambridge: Centre for Business Research (2015), S. 67
16. Schröder, G.: Regierungserklärung. Berlin: Deutscher Bundestag (2003), Tagesordnungspunkt 13, 2479B
17. Eurofound (2017): Mindestlöhne EUR/Monat, abgerufen im August 2018
18. European Commission: Wage Developments and Wage Setting Systems. Brüssel (2015), S. 9
19. International Labour Organisation (ILO): Snapshot of the labour market in the European Union. Rom (2013), S. 3
20. Eurofound (2017): Arbeitnehmer mit einem befristeten Arbeitsvertrag, Mindestlöhne EUR/Monat. Eurostat-Datenbank, abgerufen im August 2018
21. Internationaler Währungsfonds (IWF): Jahresbericht 2015 – „Herausforderungen gemeinsam angehen". Washington D.C.
22. Cournède, B. (et al.): Enhancing Economic Flexibility: What Is in It for Workers? (OECD Economic Policy Papers 19/2016), Paris: OECD Publishing
23. Recherche-Kollektiv „Investigate Europe"/Falter: „Die Flexibilisierungslüge", 13. Oktober 2017
24. „Notenbanken treten für höhere Lohnsteigerung ein", Interview mit Ewald Nowotny. In: Der Standard, 19. Oktober 2017
25. Statistik Austria: Schulstatistik. Wien (2017), Schuljahr 2015/2016
26. Zaussinger, S.; Unger, M.; Thaler, B. (et al.): Studierenden-Sozialerhebung. Wien: IHS, Institut für höhere Studien (2015), S. 182

[27] Gewerkschaft der Privatangestellten, Druck, Journalismus, Papier, Bundesjugendabteilung: SchülerInnen & Studierende über den Berufseinstieg. Wien (2016), S. 4

[28] Zaussinger, S.; Unger, M.; Thaler, B. (et al.): Studierenden-Sozialerhebung. Wien: IHS, Institut für höhere Studien (2015), S. 186

[29] Gewerkschaft der Privatangestellten, Druck, Journalismus, Papier, Bundesjugendabteilung: SchülerInnen & Studierende über den Berufseinstieg. Wien (2016), S. 4

[30] Zaussinger, S.; Unger, M.; Thaler, B. (et al.): Studierenden-Sozialerhebung. Wien: IHS, Institut für höhere Studien (2015), S. 180

[31] Mum, D.: Anteil des jährlichen Verdienst- und Sozialversicherungsabgabenausfalls durch un- und unterbezahlte Pflichtpraktika. Wien: GPA-djp Grundlagenabteilung (2016)

[32] Zaussinger, S.; Unger, M.; Thaler, B. (et al.): Studierenden-Sozialerhebung. Wien: IHS, Institut für höhere Studien (2015), S. 172

[33] Arbeitsmarktservice Österreich: Spezialthema zum Arbeitsmarkt: Arbeitsmarkt der Arbeitskräfteüberlassung. Wien (2017), S. 3

[34] Arbeitsmarktservice Österreich: Spezialthema zum Arbeitsmarkt: Arbeitsmarkt der Arbeitskräfteüberlassung. Wien (2017), S. 3

[35] Eppel, R.; Leoni, T.; Mahringer, H. (et al.): Segmentierung des Arbeitsmarktes und schwache Lohnentwicklung in Österreich. Wien: WIFO (2017), S. 46

[36] Knittler, K.: Atypische Beschäftigung im Jahr 2015 und im Verlauf der Wirtschaftskrise. Wien: Statistik Austria (Statistische Nachrichten 6/2016), S. 420

[37] Lercher, K.: Zeitarbeit in Österreich mit + 9,8 Prozent im Aufwind. Wien: OePDL – Österreichs Personaldienstleister (OTS 27. Februar 2017)

[38] Fasching, M.; Knittler, K.; Moser, C.: Arbeitsmarktstatistiken, Ergebnisse der Mikrozensus-Arbeitskräfteerhebung. Wien: Statistik Austria (2018), S. 41

[39] Trenkwalder Personaldienste GmbH – marktführendes Zeitarbeitsunternehmen in Österreich

[40] Fasching, M.; Knittler, K.; Moser, C.: Arbeitsmarktstatistiken, Ergebnisse der Mikrozensus-Arbeitskräfteerhebung. Wien: Statistik Austria (2018), S. 41

[41] Knittler, K.: Atypische Beschäftigung im Jahr 2015 und im Verlauf der Wirtschaftskrise. Wien: Statistik Austria (Statistische Nachrichten 6/2016), S. 420

[42] Eurofound (2017): Sechste Europäische Erhebung über die Arbeitsbedingungen 2015. Arbeitszeit: Wie viele Stunden arbeiten Sie in Ihrem Hauptberuf? Abgerufen im August 2018

[43] Lamei, N.; Braun, C.; Glaser, T.: EU-SILC Einkommen, Armut und Lebensbedingungen. Wien: Statistik Austria (2017), S. 122

[44] Fasching, M.; Knittler, K.; Moser, C.: Arbeitsmarktstatistiken, Ergebnisse der Mikrozensus-Arbeitskräfteerhebung. Wien: Statistik Austria (2018), S. 41

[45] Fasching, M.; Knittler, K.; Moser, C.: Arbeitsmarktstatistiken, Ergebnisse der Mikrozensus-Arbeitskräfteerhebung. Wien: Statistik Austria (2018), S. 41

[46] Schönauer, A.; Astleithner, F. (et al.): Überstunden und Mehrarbeitsstunden in Österreich. Wien: FORBA (2016), S. 12

[47] Moser, M.; Schnetzer, M.: Registerbasierte Statistiken Einkommen (RS). Wien: Statistik Austria (2013), S. 5

[48] Mayrhuber, C.; Maurer, M.; Putz, S. (et al.): Erwerbsunterbrechungen, Teilzeitarbeit und ihre Bedeutung für das Frauen-Lebenseinkommen. Wien: WIFO (2017), S. 9

[49] Dörfler, S.; Wernhart, G.: Die Arbeit von Männern und Frauen. Eine Entwicklungsgeschichte der geschlechtsspezifischen Rollenverteilung in Frankreich, Schweden und Österreich. Wien: OIF (2016), S. 42

[50] Mayrhuber, C.; Maurer, M.; Putz, S. (et al.): Erwerbsunterbrechungen, Teilzeitarbeit und ihre Bedeutung für das Frauen-Lebenseinkommen. Wien: WIFO (2017), S. 34

[51] Mader, K., Schneebaum, A. (et al.): Intrahaushaltsverteilung von Ressource – Geschlechtsspezifische Verteilung von Einkommen und Entscheidungsmacht. Wien: Statistik Austria (Statistische Nachrichten 12/2012), S. 987

[52] Lamei, N.; Braun, C.; Glaser, T.: EU-SILC Einkommen, Armut und Lebensbedingungen. Wien: Statistik Austria (2017), S. 122
[53] Eppel, R.; Leoni, T.; Mahringer, H. (et al.): Segmentierung des Arbeitsmarktes und schwache Lohnentwicklung in Österreich. Wien: WIFO (2017), S. 62
[54] Eppel, R.; Leoni, T.; Mahringer, H. (et al.): Segmentierung des Arbeitsmarktes und schwache Lohnentwicklung in Österreich. Wien: WIFO (2017), S. 65
[55] Knittler, K.: Atypische Beschäftigung im Jahr 2015 und im Verlauf der Wirtschaftskrise. Wien: Statistik Austria (Statistische Nachrichten 6/2016), S. 420
[56] Gewerkschaft der Privatangestellten, Druck, Journalismus, Papier: Umfrage zu Honoraren und Arbeitsbedingungen von Freien DienstnehmerInnen. Wien (2012)
[57] uni:data – Bundesministerium für Bildung, Wissenschaft und Forschung
[58] Schmutzer-Hollensteiner, E.; Bundesministerium für Bildung, Wissenschaft und Forschung: Universitätsbericht. Wien (2017), S. 100
[59] Schmutzer-Hollensteiner, E.; Bundesministerium für Bildung, Wissenschaft und Forschung: Universitätsbericht. Wien (2017), S. 102
[60] Fasching, M.; Knittler, K.; Moser, C.: Arbeitsmarktstatistiken, Ergebnisse der Mikrozensus-Arbeitskräfteerhebung. Wien: Statistik Austria (2018), S. 40
[61] Knittler, K.: Atypische Beschäftigung im Jahr 2015 und im Verlauf der Wirtschaftskrise. Wien: Statistik Austria (Statistische Nachrichten 6/2016), S. 419
[62] Konsortium (Hg.): Bundesbericht Wissenschaftlicher Nachwuchs: Statistische Daten und Forschungsbefunde zu Promovierenden und Promovierten in Deutschland. Bielefeld (2017), S. 242
[63] Schmutzer-Hollensteiner, E.; Bundesministerium für Bildung, Wissenschaft und Forschung: Universitätsbericht. Wien (2017), S. 109
[64] Lukawetz, G.; Riesenfelder, A.; Danzer, L.: Demographie und Sozialstatistik von EPU/Solo-Selbstständigen, Analysen aus den Datenbeständen der Statistik Austria. Wien: L&R Sozialforschung (2015), S. 3
[65] Lukawetz, G.; Riesenfelder, A.; Danzer, L.: Demographie und Sozialstatistik von EPU/Solo-Selbstständigen, Analysen aus den Datenbeständen der Statistik Austria. Wien: L&R Sozialforschung (2015), S. 88
[66] Lukawetz, G.; Riesenfelder, A.; Danzer, L.: Demographie und Sozialstatistik von EPU/Solo-Selbstständigen, Analysen aus den Datenbeständen der Statistik Austria. Wien: L&R Sozialforschung (2015), S. 89
[67] Wirtschaftskammer Österreich, Abteilung Junge Wirtschaft I Gründerservice: EPU Factsheet. Wien (2018)
[68] Wirtschaftskammer Österreich, Abteilung Junge Wirtschaft I Gründerservice: EPU Factsheet. Wien (2018)
[69] Eppel, R.; Leoni, T.; Mahringer, H.: Segmentierung des Arbeitsmarktes und schwache Lohnentwicklung in Österreich. Wien: WIFO (2017), S. 29
[70] Klapfer, K.; König, S.; Wanek-Zajic, B.: Registerbasierte Statistiken Erwerbstätigkeit, Wiedereinstellungen. Wien: Statistik Austria (2018), S. 3
[71] Eppel, R.; Leoni, T.; Mahringer, H.: Segmentierung des Arbeitsmarktes und schwache Lohnentwicklung in Österreich. Wien: WIFO (2017), S. 49
[72] Statistik Austria: Mikrozensus-Arbeitskräfteerhebung – Unselbstständig Erwerbstätige nach Sonderformen der Arbeitszeit. Wien (2016)
[73] Kapella, O.; Baierl, A. (et al.): Gewalt in der Familie und im nahen sozialen Umfeld. Österreichische Prävalenzstudie zur Gewalt an Frauen und Männern. Wien: Österreichisches Institut für Familienforschung (2011), S. 12
[74] Fasching, M.; Knittler, K.; Moser, C.: Arbeitsmarktstatistiken, Ergebnisse der Mikrozensus-Arbeitskräfteerhebung. Wien: Statistik Austria (2018), S. 45
[75] Arbeitsmarktservice Österreich (2018): Spezialthema zum Arbeitsmarkt
[76] Arbeitsmarktservice Österreich (2018): Spezialthema zum Arbeitsmarkt
[77] Lamei, N.; Braun, C.; Glaser, T.: EU-SILC Einkommen, Armut und Lebensbedingungen. Wien: Statistik Austria (2017), S. 122
[78] Haufler, D.; Rademaker, M. (et al.): Atlas der Arbeit. Daten und Fakten über Jobs, Einkommen und Beschäftigung. Düsseldorf: DGB und HBS (2018), S. 40

[79] Arbeitsmarktservice Österreich (2018): Spezialthema zum Arbeitsmarkt
[80] Arbeitsmarktservice Österreich (2018): Spezialthema zum Arbeitsmarkt
[81] Viktor Fleischer, Industriellenvereinigung, in: Der Standard, 5. Mai 2018
[82] Arbeitsmarktservice Österreich (2018): Spezialthema zum Arbeitsmarkt
[83] Weniger Geld: Staat drosselt Förderungen für Lehrlinge, in: Kurier, 9. Mai 2018
[84] Eppel, R.; Leoni, T.; Mahringer, H.: Segmentierung des Arbeitsmarktes und schwache Lohnentwicklung in Österreich. Wien: WIFO (2017), S. 31
[85] Arbeitsmarktservice Österreich (2018): Spezialthema zum Arbeitsmarkt
[86] Grillitsch, K.: Jahresbericht Hauptverband der Österreichischen Sozialversicherung. Wien: Hauptverband der österreichischen Sozialversicherungsträger (2018), S. 18
[87] Rechnungshof-Präsidentin Margit Kraker, im ORF-Report vom 22. Mai 2018
[88] Grillitsch, K.: Jahresbericht Hauptverband der Österreichischen Sozialversicherung. Wien: Hauptverband der österreichischen Sozialversicherungsträger (2018), S. 9
[89] Grillitsch, K.: Jahresbericht Hauptverband der Österreichischen Sozialversicherung. Wien: Hauptverband der österreichischen Sozialversicherungsträger (2018), S. 9
[90] OECD: Health at a Glance. Paris: OECD Indicators, OECD Publishing (2017). Health Care Spending, S. 133
[91] Fasching, M., Knittler, K., Moser, C.: Arbeitsmarktstatistiken, Ergebnisse der Mikrozensus-Arbeitskräfteerhebung. Unselbständig Erwerbstätige nach der Häufigkeit von Abend-, Nacht- und Wochenendarbeit und Geschlecht seit 2004. Wien: Statistik Austria (2018)
[92] Fasching, M., Knittler, K., Moser, C.: Arbeitsmarktstatistiken, Ergebnisse der Mikrozensus-Arbeitskräfteerhebung. Unselbständig Erwerbstätige nach der Häufigkeit von Abend-, Nacht- und Wochenendarbeit und Geschlecht seit 2004. Wien: Statistik Austria (2018)
[93] Ma, Xuelei; Yuan, Xia (et al.): Night Shift Work Increases the Risks of Multiple Primary Cancers in Women: A Systematic Review and Meta-analysis of 61 Articles. Sichuan (2018)
[94] Biffl, G.; Faustmann, A. (et al.): Psychische Belastungen der Arbeit und ihre Folgen. Wien: Donau-Universität Krems und Österreichisches Institut für Wirtschaftsforschung (2012), S. 110 und S. 113
[95] Schönauer, A.; Astleithner, F. (et al.): Überstunden und Mehrarbeitsstunden in Österreich. Wien: FORBA (2016), S. 8
[96] Schönauer, A.; Astleithner, F. (et al.): Überstunden und Mehrarbeitsstunden in Österreich. Wien: FORBA (2016), S. 188
[97] Christine Lagarde am Jahrestreffen des Internationalen Währungsfonds in Washington (Oktober 2017)
[98] Ferschli, B., Kapeller, J. (et al.): Bestände und Konzentration privater Vermögen in Österreich. Linz: JKU Linz, Hrsg. AK Wien (2017), S. 26
[99] Eppel, R.; Leoni, T.; Mahringer, H.: Segmentierung des Arbeitsmarktes und schwache Lohnentwicklung in Österreich. Wien: WIFO (2017), S. 74
[100] Schäfer, A.; Vehrkamp, R. (et al.): Prekäre Wahlen – Milieus und soziale Selektivität der Wahlbeteiligung bei der Bundestagswahl 2013. Gütersloh: Bertelsmann Stiftung (2013), S. 9
[101] Tertelmann, M.: „Gib mir was, was ich wählen kann." Demokratie ohne Langzeitarbeitslose? Motive langzeitarbeitsloser Nichtwähler/innen. Stuttgart: Hrsg. Denkfabrik – Forum für Menschen am Rande, Sozialunternehmen (2017), S. 48
[102] Tertelmann, M.: „Gib mir was, was ich wählen kann."- Demokratie ohne Langzeitarbeitslose? Motive langzeitarbeitsloser Nichtwähler/innen. Stuttgart: Hrsg. Denkfabrik – Forum für Menschen am Rande, Sozialunternehmen (2017), S. 48
[103] Eppel, R.; Leoni, T.; Mahringer, H.: Segmentierung des Arbeitsmarktes und schwache Lohnentwicklung in Österreich. Wien: WIFO (2017), S. 51
[104] OECD: Beschäftigungsausblick 2018
[105] Fasching, M.; Knittler, K.; Moser, C.: Arbeitsmarktstatistiken, Ergebnisse der Mikrozensus-Arbeitskräfteerhebung. Wien: Statistik Austria (2018), S. 41

[106] Lamei, N.; Braun, C.; Glaser, T.: EU-SILC Einkommen, Armut und Lebensbedingungen. Wien: Statistik Austria (2017), S. 73
[107] Eurofound (2017): Sechste Europäische Erhebung über die Arbeitsbedingungen 2015, Eurostat-Datenbank, abgerufen im August 2018
[108] Zaussinger, S.; Unger, M.; Thaler, B. (et al.): Studierenden-Sozialerhebung. Wien: IHS, Institut für höhere Studien (2015), S. 178
[109] Gewerkschaft der Privatangestellten, Druck, Journalismus, Papier, Bundesjugendabteilung: SchülerInnen & Studierende über den Berufseinstieg. Wien (2016), S. 4
[110] Heitmeyer, W.: Deutsche Zustände. Folge 10. Berlin: Suhrkamp, 4. Auflage 2016, S. 15

Zur Autorin
VERONIKA BOHRN MENA

Nach sieben Jahren intensiver Beschäftigung mit prekären Arbeitsverhältnissen, atypischer Arbeit, Segmentierungsprozessen und Veränderungen in der Arbeitswelt mitsamt ihren Auswirkungen macht die Autorin Veronika Bohrn Mena ihre Erkenntnisse nun in Buchform einer breiten LeserInnenschaft zugänglich.

Sie ist seit 2013 hauptberuflich in der Interessenvertretung der Gewerkschaft GPA-djp mit dem Schwerpunkt atypische Beschäftigung tätig, war zuvor Vorsitzende der Plattform Generation Praktikum und hat sich in der Österreichischen HochschülerInnenschaft engagiert.